貞慶『愚迷発心集』を読む

心の闇を見つめる

多川俊映

春秋社

はしがき

どうしてオレやワタシのことが、ここに書いてあるのか――。

『愚迷発心集』を読んだ人は、おそらく十人が十人とも、そのように感じるのではないでしょうか。いや、必ずそう思われるはずです。

何を隠そう私もまた、かつてそうした読後感を強くした一人でした。それ以来、幾度となく読んでいるのですが、気がつけば、いつの間にか座右の書になっていました。『愚迷発心集』は、原漢文でほぼ四九〇〇字の小品ですが、何かそうした手放しがたい力をもっています。

著者の貞慶（一一五五〜一二一三）は、鎌倉時代の奈良が生んだ不世出の学僧です。いわゆる南都仏教の動向を一身に担った人ですが、同時に、笠置山に隠遁して、唯識仏教の立場から自己の内面を凝視しつづけました。それが、『愚迷発心集』の清冽な文章になっています。

言ってしまえば、それはどこまでも貞慶の個人的な自己凝視ですが、文字通り透徹していて、その結果、人間一般に大きく通底するものとなっています。冒頭の「どうしてオレやワタシのことがここに書いてあるのか」という大方の読後感も、ほぼこれに由来しているのだと思います。いずれにせよ、その透徹して清冽な文章からは、自ずと貞慶の人となりが立ちのぼってきます。そこでまた、その貞慶のイメージと対話しながら再読してみたくなります。『愚迷発心集』は、そういう独特の魅力をもっており、一読すれば、もはや手放すことができません。

この『愚迷発心集』は、題名からもわかるように、愚迷の自覚から発心の祈りへ、という道筋を端的に示したものです。つまり、この書の主題は、真の道心を発すことにつきるわけです。しかし、それはそれとして、私たちを強く引きつけてやまないのは、その前段の透徹した自己凝視であり、また、それによって明らかにされる愚迷の自覚だといって過言ではありません。

貞慶の、自己の有体《ありてい》をえぐり出す作業は、ほぼ全段にまたがっています。貞慶の言葉遣いでいえば、「然れども」「然れども」「しかのみならず」と、その自己凝視は飽くことを知りません。私たちはまず、そのことにびっくりしてしまいます。なぜなら、私たちもまた自己を何ほどか顧みるのですが、思うほど深化しないからです。

せっかく、そうして自己の内面に目を向けても、適当なところで早々と切り上げてしまうのは、どうしてか――。おそらく、たったそれだけの作業で明らかになった自己の姿にさえ、愕然たるものがあるからでしょう。

しかし、それをつきぬけてこその自己凝視なのですが、もはや気分のわるさ・やるせなさを感じて、さらなる一歩が踏み出せない。いや、それればかりか、そうした気分のわるさを打ち消す楽しみに自ずと気持ちも動いて、私たちの自己凝視・己事究明は、おおかた旧《もと》の木阿弥です。

貞慶と私たちとがこれほど相異するのは、端的にいって、神仏の視線への意識のあるなしによるのですが、それはともかく、旧の木阿弥の私たちでも、この貞慶の透徹した自己凝視にリードされたならば、自己の有体を一歩踏み込んで自覚することができるのではないかと思います。

このように、『愚迷発心集』は私たちにとって必読の書ともいうべきものですが、実は、一般にあまり読まれてはいません。その理由は簡単で、要するに、手軽に読める講読や解説書がなかったからです。その意味で、本書はさきがけということになります。それだけに、どれほど『愚迷発心集』の世界に切り込むことができたかわかりませんが、本書により一人でも多くの方が『愚迷発心集』に親しんでいただければ幸いです。

なお、本書の出版にさいして、春秋社社長の神田明氏、同編集部の佐藤清靖・江坂祐輔両氏にお世話になりました。ここに、謝意を表します。

平成十六年八月五日

多川俊映　しるす

貞慶『愚迷発心集』を読む——心の闇を見つめる

目次

はしがき

第一部　解脱上人貞慶と『愚迷発心集』……3

第一章　解脱上人貞慶とその時代……5
貞慶小伝　5
貞慶の宗教世界　23

第二章　『愚迷発心集』の梗概とキーワード……49
『愚迷発心集』の梗概　49
『愚迷発心集』のキーワード　59

第二部　『愚迷発心集』を読む……67

前編
1　はじめに　71
2　釈尊在世に漏れる　74
3　釈尊の教えと自己　80
4　すべては移ろいゆく　87
5　発心の契機　97

6 来し方行く末 107
7 神仏の視線 115
8 空しく日を過す 124
9 急ぐべきこと 132
後編
1 名利に惑う 147
2 憑み難き自己 155
3 夢中の名利 163
4 愚迷をかさねる 168
5 行為のゆくえ 176
6 今日より始める 186
7 再びわが来し方 193
8 進んで道心を請う 200
9 おわりに 208
『愚迷発心集』本文（書下し）…… 219
貞慶略年譜 …… 237

貞慶『愚迷発心集』を読む——心の闇を見つめる

第一部　解脱上人貞慶と『愚迷発心集』

第一章　解脱上人とその時代

貞慶小伝

これから、鎌倉時代の名僧・解脱《げだつ》上人貞慶《じょうけい》（一一五五〜一二一三）の著された『愚迷発心《ぐめいほっしん》集《しゅう》』を読むのですが、その前に少し貞慶の生い立った時代やその人となり、また、興福寺ないし南都仏教における立場、あるいは、その宗教世界——教学と信仰——などについて予備知識を得ておきたいと思います。巻末に略年譜をつけておきましたので、適宜、参照してください。

いま、私たちの生活している二十一世紀初頭は、どの分野も例外なく、未曾有の変化ないし危機に直面しているといわれます。いったいどういうところに落ち着くのか、すべてにわたって不透明です。というより、そもそも落ち着くものなのかどうか——。転換期とはいえ、これからはむしろ、転換しつづけるのではないかという疑問がぬぐえません。人は、新しさに惹かれ、新しいものを追い求めますが、こう何ごとも目まぐるしく変化する状況では、新しいということはいったい何なのかと、問うてみたくもなります。

それはともかく、社会全般の仕組みのタガが外れてしまったにもかかわらず、新たな仕組みをつくれないでいる不安定さ、そして、あまりにも直線的な科学技術の進展による光と影――。光はともかく、私たち人類は、その影の部分を自己のコントロールの下に置きかねている状況です。

たとえば、クローン技術の開発によって、人間は生命の創出にかかわるようになりました。生命体の発生はかつて永遠の神秘として、神という人間を超えたものの領域でした。一九六四年に出版され今もって人気の高いW・アイリッシュのミステリー『幻の女』に、「……背丈もあり、呼吸もし、豊満な肉体をもつ女性を創造できるのは、天にまします神のみです。しかも、その神をもってしても、一人前の女性を創造するには、二週間でなく、十八年の歳月を必要とするのであります」という検事論告の言葉が出てきます。

このように、生命発生の神秘は、神のみぞ知るというのが、ついこの間までのふつうの感覚でした。しかし今や、神もすなる生命の創出を我もしてみんとて、クローンの技にいよいよ磨きをかけようとしています。科学技術の進展の過激さを思えば、私たちはそのうち、いとも簡単に生命体を作り出すことになるでしょう。その簡便さを前にして、生命の尊厳を維持できるのかどうか――。

こうしたクローン技術の人間への応用は、現在いちおう、日本をはじめ多くの国々で禁止されてはいます。しかし、それでいて、「臓器提供人間」というおぞましいコトバも聞こえてきます。こうした影には、人々に明るい未来をもたらす光をも呑みこむ不気味さがあります。不安はつのるばかりです。私たちの社会は、物があふれ利便に富む一方で、心穏やかに暮すことがまことに難しい時代になっています。

そこでつい、昔はよかったといってみたくもなり、また、古代へのロマンをかきたてたりするのですが、その古代の人々にしても、何も古代人として生きたわけでもなく、現代人として世の波に翻弄されながら一難去ってまた一難の、暮しにくい日常生活を営んでいたはずです。果たして、解脱上人貞慶の生きた平安末から鎌倉初期という中世もまた、未曾有の変化に見舞われた実に多事多難な世の中でした。というか、貞慶自身、そうした世のいわば震源地のまっただ中に生を享けたといえる人でした。

久寿二年（一一五五）、少納言権右中弁（兵部・刑部・大蔵・宮内の四省を管掌する行政執行の中堅官僚）の藤原貞憲《さだのり》を父に、また、通憲《みちのり》（信西《しんぜい》入道）を祖父として誕生しました。いわゆる藤原南家の系譜につらなる人です。南家は、不比等の長子・武智麻呂《むちまろ》を祖と仰ぐ由緒ある家柄ですが、平安時代に入って摂関政治体制をほぼ独占して繁栄したのは、実は、同じく不比等の第二子・房前《ふささき》を祖とする北家でした。鎌倉時代以降、歴代の摂政関白を輩出した家柄を一口に「五摂家」といいますが、近衛・九条・二条・一条・鷹司の五家はみな藤原北家の系統でした。その意味で、同じ藤原氏でも南家は不遇をかこったのです。

しかし、この藤原南家は、きわめて優秀な人材を輩出する家柄でした。貞慶にとって祖父の通憲は、そもそも学者として当時を代表する人でしたし、貞憲（第二子）など息男も皆、才智文章、人に優れるといわれたほどです。その中、貞憲の弟の覚憲《かくけん》と勝賢（はじめ勝憲）は、それぞれ興福寺別当、醍醐寺座主・東大寺別当になっています。

貞慶二歳の保元元年（一一五六）、世をゆるがす保元の乱がおこりました。これは、皇位継承をめぐる崇徳上皇と後白河天皇の対立に摂関家の内紛が加わったものですが、事をさらに複雑にしたのは、双方ともに、当時大きく台頭してきた武家の力を頼ったことでした。そこに世のうねりというものが見てとれるのですが、それはともかく、この争乱は、藤原忠通・平清盛・源義朝と組んだ後白河天皇側が勝利しました。忠通の息男として貞慶と同じ久寿二年に生まれた慈円（一一五五〜一二二五、天台座主）は、この保元の乱のことを、『愚管抄』に「保元元年七月二日、鳥羽院ウセサセ給テ後、日本国ノ乱逆ト云コトハヲコリテ後ムサノ世ニナリニケルナリ」と書いています。摂関家に生まれた人が、「ムサ（武者）ノ世」になってしまったという時代の変化を明確に認識しているわけです。

その「ムサノ世」の冒頭、しだいに権勢を誇るようになったのが、実に後白河の近侍・通憲信西入道でした。しかし、それが近臣間の対立を深めることになり、また同時に、二条天皇の即位によって、後白河上皇は、天皇の親政を推進したい勢力ときびしく対立することとなりました。さらに加えて、平清盛と源義朝との軋轢も高まるという複雑怪奇な暗闘がくりひろげられました。そうした中、信西はついに、清盛の武力を背景に政権の実権を握ったのです。

しかし、平治元年（一一五九）、頼みとする清盛が熊野詣のおりから、対立する近臣が天皇親政派や義朝と結んで挙兵、進退きわまった祖父の信西入道は自害に追いこまれ、また、父の貞憲は解官配流《げかんはいる》の身となりました。一方、帰京した清盛はたちどころに事態を収拾して、ここ

貞慶画像 部分（興福寺蔵）

に平氏一門は、権勢を誇るきっかけをつかみました。これが世にいう平治の乱ですが、この争乱によって、もともと不遇をかこっていた藤原南家は、一瞬の輝きを残して、その政治生命を完全に絶つことになりました。これを貞慶にそくしていえば、がんぜない五歳にして早くも、生家の没落を見、世の変革期の困難や悲哀に直面したということになります。そのきびしい経験は、幼い貞慶の心の深層に人の世のはかなさというものを強く印象づけたことは容易に想像できます。

そうした貞慶を南都に引き取ったのは、おそらく叔父の覚憲（一一三一〜一二一二）だったでしょう。八歳の貞慶は、その導きの下、ともかくもまず覚憲の師・蔵俊《ぞうしゅん》（一一〇四〜一一八〇、興福寺権別当）の下に身を寄せ、十一歳で出家して正式に覚憲の弟子となります。しかし、その興福寺にしても内部対立が絶えず、さらに貞慶二十六歳の治承四年（一一八〇）、平重衡の南都焼打ちによって、一山は文字通り灰燼に帰します。そして、広く世の中は、摂関家の内紛や源平の対立などで騒然とした状況です。

こうした中で暮さなければならなかった当時の人々の不安は、どのようであったか——。死は、遠い向うの、あるいは、当面先の話ではなかったはずです。そうした時代に生きた人々の苦悩や不安は、先行き不透明だと不安をいだきながらも死を隔離して生を存分に楽しもうとしている現代の私たちの想像をはるかに超える、それはすさまじいものだったに違いありません。

貞慶は、それを幼少から身をもって過酷に経験しながら、やがて仏教の学修に潜心していきます。叔父の覚憲によって用意された蔵俊一門の学窓は、貞慶の優れた資質を開花させるに十分というか、実に理想的なものでした。蔵俊は、「法相《ほっそう》の棟梁」の呼称を得た平安末期の唯識仏教を代表する人で、これを豊かな土壌として、貞慶をはじめとする鎌倉期の唯識が大きく展開したと考えられています。『愚迷発心集』に、「宝聚の山の間に望まざるに自ずから入るなり」という文言がありますが、これは何も抽象的な言いまわしではなく、覚憲に導かれて知らず知らずのうちに入った蔵俊の学窓が、まさに仏教を学ぶ上で宝聚の山であったという現実をも反映しているのではないかと思います。

いずれにせよ貞慶は、そうして身を投じた仏教の世界で、しだいにその頭角をあらわしていきます。寿永元年（一一八二）二十八歳で、学僧の登竜門といわれた維摩会《ゆいまえ》研学竪義《りゅうぎ》（口頭試問）にパスし、翌年、法勝寺の八講に出仕。三十一歳の元暦二年（一一八五）には、宮中の最勝講に初出仕、翌文治二年（一一八六）維摩会講師を勤めるなど、やつぎばやです。氏長者の九条兼実《かねざね》（藤原忠通の息男、慈円の兄）はこうした貞慶を讃歎して、日記の建久二年（一一九一）二月二十一日条に「説法、珍重なり。只、その音の少なるを恨む。談と云い弁説と云い、末代の智徳なり」などと書いています（『玉葉』）。よく指摘されることですが、「その音の少なる（声が小さい）」ところに、貞慶のやや内向的で静かな性格が見てとれるのかもしれません。

ところで、貞慶は、栄達するにしたがって高まりをみせる自己の名声に、身を委ね切ることができませんでした。というより、むしろ懐疑的だったと思います。それは、この名声こそ、自己を比較相対の世俗世界に埋没させるものだからです。与えられた名声に一たび酔えば、ただでさえ厄介な慢心（自己を恃《たの》んで、他をあなどる心のはたらき）に火がついてしまい、およそ仏教が目指す世界とは大きくかけ離れたところに自己を追いやることになる――。貞慶はもとより、そのことを十分理解していたはずです。仏教では名声のことを「名聞《みょうもん》」といい、実利に潤いたい欲望の「利養」と合せて「名聞利養（名利）」と述べて、これに重い意味をもたせています。

つまり、これらに取り込まれないように常に意を用いる――、それを生活の根幹にすえるのが仏教だという考え方です。その仏教を学ぶ者が、仏教の学修を通して名声を得、それに取り込まれるというのは、いかにも奇妙な構図です。しかし、「げにもうたてしき物は名利の二つなり」（『撰集抄』）で、それだけに、中世説話の重要なテーマとしてしばしば取り上げられもしたわけです。そして、とくに名声に心を奪われた碩僧は、死後、魔道に堕ちるというのが当時の認識でした。貞慶はそうした名利を、どこか先天的といってよいほどに忌避する人であったのではないかと、私は想像しています。生家の一瞬の栄華と急転直下の没落を幼くして体感したことは、このさい重要だと思います。

そして、この栄華や名声は空しいものだという体感をベースに、思慕する釈尊の示されるままに生きることを志した貞慶にしてみれば、何かにつけて華美に陥ることもまた、大いに慎むべきことがらでした。『元亨釈書』の貞慶伝には、詔《みことのり》に応じた貞慶が、宮中の最勝講に釈尊の教えそのままに粗末な法衣で出仕して、着飾って居並ぶ高位の僧俗の嘲笑を買ったというエピソードが収録されています。

これは、建久元年（一一九〇）五月の最勝講に第九座講師として出仕した時のことかと想定されますが、いずれにせよ、貞慶は、――この頃の人たちは少しも釈尊の教えに従わないどころか、ただ浮誇《ふこ》を競うだけである。自分はこうした人たちと同じであってはならない――と考え、最勝講が終るや南京《なんきょう》（興福寺）には還らず、そのまま笠置寺に隠遁したと、その伝記は述べています。これが事実かどうかはともかく、ある種の状況というか雰囲気を伝えていることは確かだと思います（笠置寺は、興福寺など奈良市の北東、直線距離にして約十三キロメートルの笠置山にある）。

貞慶を考える場合、この笠置寺への隠遁が、やはり大きなポイントだと思います。先ほどから名利や華美のことを述べていますが、名利に酔い華美に溺れること、あるいは、それらをめぐる他との争いというのは、いうまでもなく世俗のことがらです。本来、その世俗からの離脱は出家によって果たされるのですが、日本の場合、出家し入寺することが、そのまま世俗からの離脱につながらないのです。そもそも仏教の受容自体きわめて政治的でしたし、古代では僧《そう》尼令《にりょう》の下、出家者は国家公務員であって、国家の台帳に載らぬ私度僧は、きびしい取締りの対象でした。つまり、聖なる領域というのは、世俗と明確に一線を画してこそ成立するのですが、むしろ、国家という極めつきの世俗の範囲内にあったわけです。

さらに平安時代になると、有力寺院は貴族の子弟の受け入れ先となって、いよいよ国家機構の一部として機能することになりました。寺院の生活は自ずから貴族化し、ひたすら華美・豪奢が競われたのです。貴族出身の学侶の間では、一般的にいって、仏教の学修による名利の獲得が何の罪悪感もなしに志向されていました。

実は貞慶自身、『続後撰集』に「世をのがれて後、公請《くじょう》のためにしるしおきたる文を見て」と題して、「これをこそ／まことのみちと／思ひしに／なほ世をわたる／橋にぞありける」という和歌を遺して、そのことを告白しているほどです。公請とは、宮中で催される法要に招請されることで、当時の学侶一般は、その公請のために準備おさおさ怠りなかったのです。しかし、そんな仏教の学修は所詮「世をわたる橋」、世俗そのものだったという述懐です。

一方、多くの有力寺院では、大衆（下級僧侶）が実力を行使してその主張を通すことに躍起でした。こうした状況の中、仏道の本来を真摯に追求しようと思えば、寺院という名の世俗から離脱して、遁世の身となるしか道はありませんでした。そうした遁世ということに、貞慶がしだいに熱い思いを寄せるようになったのは、きわめて自然の成り行きでした。

貞慶が、いつ頃から遁世への思いを募らせるようになったのか——。これについては、まだよくわかっていませんが、その弥勒信仰を念頭に、早くも二十八歳の養和二年（一一八二）頃であろうという説があります。この年、貞慶は『唯識義』を書写して「上生《じょうしょう》の業因《ごういん》に資する」とし、また、『大般若経』一部六百巻の書写を発願して、これはひとえに「上生内院見仏聞法《もんぼう》の為」だと述べています。そして、十一年後の建久三年（一一九二）書写を完了させ、その翌年に笠置寺へ移っています。

内院とは、この場合、弥勒菩薩の住居のことです。よく知られているように、現在、この菩薩は兜率《とそつ》天において説法中で、五十六億七千万年後にこの世界に下生《げしょう》して、釈尊の救済に漏れた者たちをことごとく救うのだといわれます。上生は、その下生を待ちかねて、こちらの方から弥勒菩薩のもとに詣でて聞法しようとするものです。いずれにせよ、ここで、貞慶の弥勒への思いが明らかになっています。

この点、貞慶が興福寺の蔵俊や覚憲に師事して学んだ仏教は、法相宗《ほっそう》の唯識仏教でした。この教義の概略は次節にゆずるとして、こんにちの仏教学研究では、ほぼ西暦四〜五世紀のインドに実在した弥勒（マイトレーヤー）・無著（アサンガ）・世親（ヴァスバンドゥ）という学僧たちによって大成されたということになっています。ただ、貞慶の学んだ法相宗の伝統教学では、初祖の弥勒は実在の人というより、信仰対象のいわゆる弥勒菩薩だという見解です。つまり、法相宗徒は、すでに弥勒信仰ということになります。

その一方で、貞慶は、仏教の多くの仏菩薩の中、釈尊を「本師」と仰ぐ釈迦信仰の人でした。つまり、釈迦遺法の弟子という明確な自覚に生きた人で、だからこそ、『愚迷発心集』でいえば「悲しみても、また悲しきは、（釈尊）在世に漏れたるの悲しみなり」〔括弧内、筆者〕と書いて、弥勒救済の対象としての気持ちを言外ににじませてもいます。かれこれ、釈尊を思慕してやまない貞慶にとって、弥勒の鑽仰もまた、はなはだ重要なテーマだったのです。そうした貞慶であれば、笠置の巨大な弥勒摩崖仏が、静寂の中にも圧倒的な量感をもって語りかけてくることに明敏に道交していったことは容易に想像できます。笠置山は、かつて東大寺の実忠がここから兜率天に上生したとも伝えられるなど、古く奈良時代から弥勒信仰と深いかかわりのあるところで、今もって実にスピリチュアルな雰囲気の中にあります。

この弥勒摩崖仏への憧憬や笠置寺住侶との交流の始まりを特定することは困難ですし、さらに、もっと原初的な宗教的自由への目覚めということについても不明ですが、いくつか推測することはできます。すでに述べたように、貞慶二十六歳の治承四年（一一八〇）、平重衡の兵火によって興福寺は東大寺とともに焼失しており、その後しばらくは、どこかに身を寄せなければなりませんでした。治承四年前後の貞慶の動静を知る史料はないといわれていますが、この寄留先はどこかということと、いまの問題はおそらく密接に関連しているのではないかと思います。まず、叔父の勝賢が座主を務める醍醐寺が考えられます。承安二年（一一七二）十八歳の貞慶は、おそらく勝賢の斡旋によるのでしょうが、醍醐寺の実運阿闍梨より虚空蔵求聞持法を伝授されていますから、緊急避難先としては有力です。ただし、それ以後の貞慶に、あまり密教への親近感がみられないのは難点です。

つぎに、時代思潮の神仏習合の下、春日社興福寺という一体化された宗教組織を考えるならば、さいわいにも兵火をまぬがれた春日社のいずれかの施設だったかもしれません。次節に述べる春日信仰の観点からは、この可能性は高いと思います。しかし、南都の混乱をきわめた騒然たる状況を思えば、むしろ静寂な時空が求められたであろうこと、さらに弥勒の鑽仰ということを念頭に置けば、やはり笠置寺への寄留がもっとも首肯されるのではないかと思います。じっさい、笠置寺住侶との親密な交流を物語るように、たとえば元暦二年（一一八五）貞慶は、沙門信長のために「笠置寺弥勒殿毎日仏供勧進状」を、また、仏子如教のために「笠置寺毎日仏供勧進状」を草しています。こうした笠置寺の仏と人への親近が、後日の笠置隠遁に大きくつながっていったのだと考えられます。

笠置寺　弥勒摩崖仏

いずれにせよ、貞慶は、寺院という世俗からの離脱を模索し、しだいに笠置隠遁へと傾斜していくのですが、そうした行動を根底から支える貞慶の宗教観は、そもそも何から影響を受けたものなのかということは、はなはだ興味深いことがらです。もとより、それを明らかにすることは容易ではありませんが、ここではそれに関して、貞慶の興福寺における第一歩に注目しておきたいと思います。すでに述べたように、貞慶は興福寺での生活を、興福寺の教学を代表する蔵俊門下という好条件でスタートさせています。蔵俊には「法相の棟梁」のほか「菩提院贈僧正」という呼称もあり、ゆえに通常は、興福寺の子院の菩提院に止住したものと考えられています。そして、門下である貞慶の起居もまた、常識的にみて、菩提院もしくはそれに隣接する施設だったのではないかと考えられます。

この点、たとえば『諸寺縁起集』（菅家本）は、菩提院と指呼の距離にあった龍華樹院の院内施設放光院を、「解脱上人住所也」と述べ、つづけて「東大寺知足院の地蔵菩薩は、この院において春日大明神造りたもうと云えり。三尺の白檀像なり。……口伝に云わく、上人の祈請によって大明神造りたもうと云えり。また、この院において毎年九月に弥勒念仏を修すこと、三日三夜なり。行道これあり。この念仏は、上人の修始と云えり」などと記しています。これらは、貞慶の足跡の上に仮託した伝承という意味で、記憶に留めておきたいと思います。

ところで、菩提院は、三十講という論義問答を中心にした法要が有名で、康和三年（一一〇一）以降しばしば別当も出仕しており、興福寺としても重要な仏事でした。そして、それを蔵俊がさらに指導監修して、菩提院をいわば興福寺の教学センターに押し上げたのでした。しかし、その一方で、菩提院はまた「別所」とも呼ばれて、そうした教学的性格とはおよそ異質な宗教者の止住するところでもあったと考えられています。別所としての菩提院の初見は、大江親通が嘉承元年（一一〇六）に著した『七大寺日記』の興福寺の項に、「南大門ニ池アリ、高名之サルサハノ池也。池東ニ別所アリ。浄名院、菩提院也」とあるのがそれです。別所とはほぼ、念仏行者の起居する道場を指すと考えられており、現に「菩提院聖人」や「菩提院ノヒシリ十阿弥」などそれを示唆する名称も史料上で確認されています。こうした念仏聖と唯識の学侶というきわめて異質な二つのグループの存在が認められる菩提院の実態はまだほとんど解明されておらず、今後の課題といったところです。

しかし、それはともかく、貞慶が興福寺の中で第一歩をしるし、かつその後も、何かと蔵俊の指導を受けるということを通して親しんだであろう教学センター菩提院界隈に、自分たちとはきわめて異質な宗教者が止住している——。その現実に、宗教的資質に富む貞慶が無関心であったとは思われません。貞慶にしてみれば、自分もまたそうであったように、自己の意思というより生家のさまざまな都合によって氏寺に送り込まれてきた学侶と違って、念仏行者たちは、すでにそれぞれの宗教的課題を背負って仏教の世界に入ってきた人たちでした。貞慶が、そういう彼らの中に、自分たち学侶にはないある種の宗教的自由というものを垣間見なかったといえるだろうかと思うのです。

推測を重ねることになりましたが、貞慶の笠置隠遁を考える場合、こうしたことにも思いをめぐらす必要があると思うのですが、それはさて、貞慶がじっさいに笠置への隠遁の意志を固めたのは、三十八歳の建久三年（一一九二）あたりであろうと考えられています。それは、同年二月八日、氏長者の九条兼実が、貞慶に隠遁についての説明を求めているからです。兼実は、その日の日記につぎのように書いています（『玉葉』）。

――夜に入り雨下る。貞慶已講来る。件の人、籠居すべきと云えり。よってその事を尋ぬる為、相招く所、申す旨条々、仰せの旨種々、大略は冥告によって思い立つ所か。意趣尤《もっと》も貴ぶべく、その上なお、余に仰せの旨など有りて、大略、重ねて大明神に祈請すべきの由なり。末代に有り難きの顕賢なり。物の用に叶うべきの人、緇素《しそ》（→道俗）皆かくの如くならば、これ、すなわち仏法の滅相なり。悲しむべし悲しむべし。〔傍点・括弧内、筆者〕

これによれば、貞慶は、自己の笠置寺隠遁についていろいろ述べたようです。しかし、概ね春日明神の指示によることだと説明したらしく、兼実も了承しています。というか、氏神春日明神の冥告ならば、藤原の氏長者もまた従わざるを得ない立場です。しかし、それにしても兼実が、貞慶その人を「物の用に叶う人」とみていることは重要です。

それというのも、建久四年（一一九三）秋、貞慶はついに笠置に隠遁したにもかかわらず、その世俗性がしばしば指摘されるからです。これはとりあえず、矛盾だという他ありません。すでに述べたように、仏道の本来を追求するために世俗からの離脱を模索し、貞慶はそれを笠置寺籠居という形で果たしたわけです。しかし、指摘されるように、なるほど外部との接触を断った形跡はなく、依然として本寺（興福寺）や院・摂関家などとのかかわりを保ち、また、外出もかなり目立ちます。貞慶のそうした笠置隠遁後の行状を、略年譜から適宜ピックアップすると、つぎのようになります。

建久六年　四月　伊勢外宮法楽の導師。
同　八年　八月　播磨浄土寺の供養導師。
同　九年十一月　興福寺領での乱行の処分を求める「興福寺牒状」の執筆。
建仁二年　八月　唐招提寺で釈迦念仏を始行。
同　三年　——　重源発願の阿弥陀如来像の供養導師。
元久二年　十月　法然の専修念仏の停止を求める「興福寺奏状」の執筆。
同　　　十二月　後鳥羽院の奈良詣のための一切経供養の導師（二条御所）。
同　三年　二月　梅小路南堂の供養導師。三条長兼と面談。
建永元年　八月　「興福寺北円堂再興奉唱状案」の執筆。
承元二年　九月　後鳥羽院発願の新御堂の供養導師（河内交野）。
同　四年　九月　笠置寺での瑜伽論供養に後鳥羽院臨席。
　　　　　　　　後鳥羽院が海住山寺を祈願所とする。
建暦元年　九月　九条道家を訪問。法隆寺で釈迦念仏を始行。

これらによれば一目瞭然、隠遁とはいえ貞慶がなおも外部との関係を保ち、興福寺あるいは南都仏教の重鎮として積極的に活動していたことがわかります。この点、特に明恵上人高弁と比較して、貞慶の世俗性が指摘されるのです。しかし、貞慶と高弁とでは、その身の置き所を異にしており、それを同一に論じて比較しても、あまり意味のあることとは思われません。笠置隠遁後の貞慶について、興福寺ないし南都仏教の「精神的支柱」とみる見方がありますが、それをいうなら、むしろ貞慶こそが現実の興福寺教学そのものであり、南都教学の動向を担う者、言い換えれば、貞慶とは、まさに南都の教界のど真ん中にいた人だったのです。しかも、兼実がいみじくも述べたように、「物の用に叶うべきの人」であってみれば、南都の教界をリードし、また、好むと好まざるとにかかわらず本寺の復興にかかわらざるを得ない立場だったでしょう。近年の研究によれば、治承大火後の復興造像における貞慶の影響は看過しがたいものがあると考えられています。

貞慶は、念願の笠置隠遁を果たし、ある種の自由を手にすることはできましたが、同時に、そうした立場から所詮解放されないことをも熟知していたのかもしれません。もしそうであれば、貞慶にとって世俗性の問題は、すでに織り込みずみということになりますが、それにしても、そうした状況を、仏道の本来を見定めようとする「一仏教者」としてふり返るならば、はなはだ多くの問題を抱えているといわざるを得ない、ということでしょう。真摯な凝視を自己に投げかけてみる時、自分の行動が、実は名利を求めるさもしい心から出ているのではないか。

自己の立場上、世俗とのかかわりをあえて維持しているとはいうのだが、その実、名利という世俗そのものにからみ捕られているのではないか――。

『愚迷発心集』の後半、堰を切ったように世俗の本質を示す「名利」の語が頻出しますが（都合八回のうち、六回が後半に集中して出る）、それは、そうした状況での自己の偽らざる姿というものを、一仏教者として目をそらさずに見つめようとしているからではないかと思います。そうした内面における世俗性との格闘――、そこに、貞慶らしさというか貞慶の尊さがあり、その悩みの中でこそ、仏の世界も強く希求されたのではないかと思うのです。なお、次章では、『愚迷発心集』を読み解くキーワードを一、二取り上げてみるつもりですが、その意味で、この「名利」もまた本書の重要なキーワードだと思います。

貞慶の宗教世界

貞慶は、前節でみたように、「法相の棟梁」と呼ばれて平安末の興福寺教学を代表していた蔵俊（一一〇四〜一一八〇）や、その後継者の覚憲（一一三一〜一二一二）の指導により、法相宗の唯識教学を学びました。そして、その唯識の教義の上に、自己の宗教世界を大きく展開させた人でした。ここでは、そうした貞慶の宗教世界を根底から支えた唯識仏教について、また、多岐にわたるといわれる信仰の諸相を貫く基本観念について、そのあらましをみておきたいと思います。

仏教は元来、唯心論的な傾向にある宗教です。たとえば、成立の古い経典で、釈尊の説法を彷彿とさせるともいわれる『法句経（ダンマ・パダ）』は、つぎのような冒頭の一節で始まっています（中村元訳）。

ものごとは心にもとづき、心を主とし、心によってつくり出される。
もしも汚れた心で話したり行なったりするならば、苦しみはその人につき従う。
——車をひく（牛の）足跡に車輪がついて行くように。
ものごとは心にもとづき、心を主とし、心によってつくり出される。
もしも清らかな心で話したり行なったりするならば、福楽はその人につき従う。
——影がそのからだから離れないように。

こうした言葉に導かれて語られる仏教のさまざまな教えは、自ずから唯心的な論調になるわけですが、唯識仏教は、それをいっそう先鋭化して組み立てられた教義です。つまり、唯識とは端的にいって、すべてを心のはたらき・心の要素に還元して考える立場で、あらゆるものは、自己の心から生起したもの・転変《てんぺん》したものとみる——。それが唯識の考え方の基本です。

たとえば、自己の肉体も、そして、それをとりまくはずの環境でさえ、心の転変と考えて対処しようとするのですが、そうした唯識仏教にとって、私たちの心の構造やそのはたらき、認識の仕組みの問題、あるいは、わが行為の生起と帰結のあり方などは、重要な考察の対象です。

前節で述べた唯識の学僧たちは、それらを綿密に分析・考察して、心の構造や心作用のリストを明示し、また、認識の仕組みの問題点を究明し、私たちが日常いかにものごとを如実にみていないか、言い換えれば、いかに自己の都合のいいようにみているか、ということを指摘しました。

唯識によれば、私たちの心は、その作用主体（これを「心王《しんのう》」といいます）によって八つの領域から成り立っており、しかも、それらは重層構造をなしていると考えられています。これを八識心王説というのですが、その八つの領域とは、

眼《げん》識・耳《に》識・鼻《び》識・舌《ぜっ》識・身《しん》識
意識
末那《まな》識
阿頼耶《あらや》識

です。このなか、眼識・耳識・鼻識・舌識・身識の五つは、それぞれ視覚・聴覚・嗅覚・味覚・触覚に対応するもので、一まとめにして「前五識」と呼びます。五感覚という扱いです。意識は、この前五識のつぎに取り上げられますので、第六意識といいます。その主なはたらきは知覚・感情・意思・思考などで、この第六識のはたらきは、ふつう言うところのいわゆる心とほぼ重なっています。以上は、心の表面的な作用というか領域です。

もとより自覚的な心のはたらきですが、これら前五識や第六意識を改めてみてみると、そのはたらきは、いかにも断続的でトギレトギレです。仏教では、このトギレることを「間断《けんだん》」というのですが、常識的にいっても、目を閉じれば目の前の絵は見えませんし、コンサートが終れば、もう音楽は聞こえません。前五識はこのように、その対象に対峙している間だけはたらき、しかも、その絵や音楽を、その色や形のまま・その音量や音質のまま受け止めているだけです。これが、前五識の作用の特徴です。

それをたとえば、これは実にいい絵だ・いい曲だというのは、眼識や耳識と同時にはたらいている第六意識が、そう思っているわけです。もちろん、思い返して、それもいいが同じ画家の別の絵の方が作品に主張があるなどと比較するのも、眼識ではなく第六識のはたらきですが、この第六識も常にはたらいているのではなく、熟睡したり気絶すれば、その一切のはたらきは停止します。つまり、第六意識の作用にも、間断があるわけです。

こうした第六意識のさまざまなはたらきの中で、ある意味でもっとも重要なものは、その内容はともかくとして、自己意識ではないかと思います。自分を自分として認知することが失われたり継続されないと、私たちはその時点で、それなりに統一された人格を保つことができず、ごくあたりまえの日常生活さえ困難になってしまいます。ところが、自己を明確にそれだと認めるはたらきをする第六識もまた、深い眠りに入れば途切れるのです。しかし、翌朝目覚めても、この自己意識に何の断絶感もありません。昨日の自分と今日の自分は間違いなくつながっていて、同じだと感じています。

そこに、こうした間断のある表面的な心作用を根底から支える何かしら深い心的基盤が想定されなければなりませんが、唯識が示す第八阿頼耶識は、まさにそういう途切れとぎれの表面心のはたらきを大きく根底からバックアップする深層心として位置づけられています。いわば眠らないで私たちを維持しつづける深層心ですが、心の深層領域といえば、唯識仏教では、その自覚し得ない心の深部でうごめく自己中心性・自己執着があるはずだと考え、それを第七末那識と呼びました。

たとえば、私たちは自己の行為について、しばしば反省もし悔悛の情を起します。もう少し相手の立場を考えて事を進めるべきであったなどと、殊勝にも思い返してみるわけです。しかし、それで万事が解決したわけではありません。もし、そうであるならば、話は実に簡単です。もとより、私たちがそんな底の浅い単純な代物でないことは誰しもの実感ですが、この点、唯識の人間観察は、そうした反省つまり他者のことを思う気持ちのまさに裏側で、自分の都合だけをどこまでも主張してやまない心がひそかに同時進行でうごめいているのではないか――、とみたのです。そのことを示したのが、深層心の第七末那識です。ちなみに、末那とは、「恒《ごう》審思量《しんしりょう》（つねに事こまかに自己のことだけを思量する）」を意味するサンスクリット語のマナス（manas）の音写です。「恒審思量」ですから、この第七識のはたらきにも間断がありません。

以上のことから、私たちの心が、表面心と深層心とによって構成される重層構造であることがわかりますが、唯識による心の構造としては、実はもう一つあります。それは、心的基盤の第八阿頼耶識が、また、私たち一人一人の日常世界のすべてを生み出す根本心だと考えられているからです。これを「阿頼耶識縁起」というのですが、もちろん、あらゆるもの・あらゆることが第八阿頼耶識から生起していくといっても、唯識はすでに述べたように、そのすべてを心の要素に還元する立場ですから、それらは要するに前五識と第六意識、そして、隠された自己執着心・自己中心性である第七末那識のはたらきに集約されます。

つまり、これらの七識は、根本的な阿頼耶識（根本識、本識）から転変したものなので転識（七転識）と呼ばれ、この点で、私たちの心はまた、この本識と転識という二つの領域によって成り立っているともいえるわけです。唯識仏教ではこのように、私たちの心というものは、主に自覚と間断の有無という観点から、表面心（前五識・第六意識）と深層心（第七末那識・第八阿頼耶識）、そして、阿頼耶識縁起からは、本識（第八識）と転識（前五識・第六識・第七識）という、それぞれ二つの領域から構成されているのだと考えられています。

ただ、いずれにしても、これら八識は、迷いの世界において私たちの心を構成するものです。しかし、迷妄の世界を離脱して、仏教が理想とする覚《さとり》の世界に入れば、それら八識はみな智慧に転換される――。唯識では、それを「転識得智《てんじきとくち》（識を転じて智を得る）」と述べて、仏智の内容とその由来を明示しています。すなわち、

前五識は成所作智に、

第六意識は妙観察智に、

第七末那識は平等性智に、
第八阿頼耶識は大円鏡智に、

転換・改造されるというのです。私たちが日常的にはたらかせている識の問題点は、ものごとをとかく分析・比較して相対的に知ろうとするものであり、また、どちらか一方にだけ偏りがちです。そしてさらに、過去の習慣性に大きく影響されるなど、ものの本質になかなか迫ることができません。その点、智慧は、直観的にものの本質を把握し、自他をまったく平等にみすえ、そして、ものごとのありのままの姿を映しだす——。

このように、問題の多い私たちの八識のはたらきも、そういう智慧というものに改造していくことができるというのです。こうした転識得智の中、とりわけ自己の都合だけを考える末那識さえもが、やがては自他をひたすら平等にみすえる平等性智《びょうどうしょうち》に改造されるのだという主張に、唯識の人間観察の大いなる帰結が示されているように思います。以上が、唯識による心の構造論のあらましです。

ところで、唯識の教えによれば、〈私〉にかかわるすべてのことが、〈私自身〉の阿頼耶識から生起するのですが、それをわかりやすく、行為つまり七転識のはたらきに還元して考えてみると、その一つ一つの心のはたらき（これを「現行《げんぎょう》」といいます）は、阿頼耶識の中にある「種子《しゅうじ》」というものから生起するのだと考えられています。これを、

種子生現行《しょうげんぎょう》（種子は、現行を生じる）

というのですが、種子から生じた現行は、すめば終りではなく、その現行がもっている善または悪の性質を帯びたある種のエネルギーが、心的基盤の阿頼耶識に送りこまれて保存されるというのです。実は、そのある種のエネルギーこそ「種子」といわれるもので、その現実の行為によって、また新たな種子が阿頼耶識に送りこまれ植えつけられることを、

現行熏《くん》種子（現行は、種子を熏習《くんじゅう》する）

といいます。つまり、〈私〉というものを大きくバックアップし維持している阿頼耶識には、過去の心のはたらきの一切（過去の行為と経験のすべて）が、種子というカタチで保存されているというわけです。それで、阿頼耶識のことをまた「一切種子識」ともいうのですが、阿頼耶識の「阿頼耶」自体、実は、蔵や倉庫を意味するサンスクリット語のアーラヤ（ālaya）の音写で、そのことをよく示しています。なお、「熏習」とは、香木をたけば、自ずからその香りが衣服などに移って付着するように、心のはたらきも、そのエネルギーの何ほどかを阿頼耶識に植えつけていくことを意味しています。

　このように、過去の行為の事跡たる種子がただ保存されているだけではなく、条件が整えば、植物のタネが発芽して同じような木や草花になるように、その種子も現実の心のはたらき（現

行）となる――。そして、その現行がまた、ある種のエネルギーを新たに心の深みに送りこんでいくという「種子生現行、現行熏種子」の一連のプロセスは、「三法展転、因果同時（三つのものが、互いに因となり果となって同時に展開する）」と説明されます。これは、「種子生現行」の種子（第一法）を因として第二法の現行（果）が生じ、その現行（第二法、果）が因となって、「現行熏種子」の種子（第三法、果）を阿頼耶識に送りこむという一連のプロセスは同時だということです。つまり、種子が現行化すれば、もうその時点で、その現行自体のエネルギーの何ほどかが阿頼耶識に否応なく送りこまれていくというのです。

これは、聞き捨てならないことです。それというのも、私たちは、ひそかな思いとして、気に食わぬ人を「あんなヤツ、ひどい目に会えばいいんだ」などと呪いがちですが、そのひそやかな思いも現行であってみれば、その種子が間髪を入れず阿頼耶識に送りこまれ、それこそ「自己が根底から汚《けが》れる」ことになるからです。もちろん、善なる現行は、善の種子を阿頼耶識に送りこみます。このように、どんな現行のエネルギーでも受けつけるのは、阿頼耶識そのものの性質が善でも悪でもないからです。

この、善でも悪でもないことを「無記」といいますが、このこともきわめて重要です。それは、私たちを根底から支えている阿頼耶識が無記の性質だということは、要するに、私たちの存在そのものが無記、ニュートラルであるということだからです。言い換えれば、私たちは善の方向にも悪の方向にも行くものだということです。私たちが自己の向上発展につとめ、そうした日々を積み重ねていく――、それが尊くないはずはありません。その善の蓄積は必ず、ものをいうでしょう。しかし、その蓄積の一方で、私たちはつねにスタートラインにいる――。それは、善を積みかさねて遠いと思っている悪の世界も、実にひとまたぎの距離にあるということでしょう。この点、貞慶自身しばしば「自心頼み難し」と述懐していますが、これは単なる感慨ではなく、阿頼耶識の無記性に通暁したところから発せられた文言だと理解すべきではないかと思います。

なお、こうした一連のプロセスで、種子と現行の二つについて「三法（三つのもの）」と述べていることも見逃せません。すでに示したように、三法とは、①原因としての種子②結果かつ原因としての現行③結果としての種子ですが、①の種子と③の種子とが何ほどか相違するゆえに、現行と合せて三法になるわけです。その違いは概ね、限りなくわずかなものでしょう。しかし、考えてみれば、その僅少なる違いとその積み重ねの中にこそ、私たちの向上と後退の契機があるのだと思います。そこに目を凝らせば、三法ということも、この一連の心理メカニズムの重要な項目であることがわかります。

つぎに、私たちの個々の心のはたらき（これを「心所《しんじょ》」といいます）ですが、唯識教学によれば、五十一の心所が、遍行《へんぎょう》五・別境五・善十一・煩悩六・随煩悩二十・不定《ふじょう》四という六つのグループに分類リストアップされます。これを、六位五十一心所説といいます。このなか、《遍行》は「遍く行われるもの」、つまり、心のはたらきがあるところ必ず生起するもっとも基本的な心作用です。つぎの《別境》はそれとは異なり、「特別の境《きょう》（対象）」に対してだけはたらく心作用です。《別境》の心所は、《遍行》と同様、基本的には善・悪・無記いずれの場合にもはたらくと考えられていますが、仏道や仏心参入はすでに善なるものを想定していますので、ほぼ善のレベルで作用するものとして取り扱うことになっています。《善》の心所は、自己を向上発展させ仏の世界へ押し上げていく心のはたらき、一方、《煩悩》《随煩悩》はその反対で、仏の世界に行こうとする自己を障《さ》え、自他ともにわずらい悩ます心のはたらきです。随煩悩は、煩悩の心所を本《もと》として生ずる心所の意味です。最後の《不定》は、上記のいずれにも分類しかねる性質の心所を一まとめにしたものです。この六位五十一心所を、世親の『大乗百法明門論』によって示すと、つぎのようになります。

①遍行位――作意（心の起動）
　　　　　触（認識対象への接触）
　　　　　受（好悪の感情）
　　　　　想（言葉による認知）
　　　　　思（対象への意志）

②別境位――欲（希求）
　　　　　勝解（確固とした理解）
　　　　　念（記憶）
　　　　　定（精神の集中）
　　　　　慧（的確な判断）

③善　　位――信（自己を真理に委ねる）
精進（努力）
慚（自らを顧みて恥じる）
愧（他に対して恥じる）
無貪（貪らない）
無瞋（排除しない）
無癡（道理、真理に即する）
軽安（身心がのびやかで軽やかな状況）
不放逸（欲望をつつしむ）
行捨（比較相対にかかわらない）
不害（相手を傷つけない）

④煩 悩 位――貪（貪る）
瞋（排除する）
慢（自己を恃んで他をあなどる）
無明（癡。道理、真理に暗い）
疑（真理を疑う）
不正見（間違った悪い見方）

⑤随煩悩位――忿（危害を加えようとする）

恨（うらむ）
悩（暴言をはく）
覆（隠し立て）
誑（たぶらかす）
諂（へつらう）
憍（うぬぼれる）
害（相手を傷つける）
嫉（ねたむ）
慳（物惜しみする）
無慚（自らを顧みて恥じない）
無愧（他に対して恥じない）
不信（真理を顧みない）
懈怠（なまける）
放逸（欲望のままにふるまう）
惛沈（異常に沈んだ状況）
掉挙（異常に浮き立った状況）
失念（記憶を失う）
不正知（誤って理解する）

心乱（精神の集中を欠く）
⑥不定位——睡眠（眠たくて身心の自在が失われる）
悪作（後悔する）
尋（言葉による推量）
伺（尋より詳細な推量）

なお、これら心所は、心王（八識）をよりどころにして生ずるというのが、心王と心所の関係です。したがって、前五識・第六意識・第七末那識・第八阿頼耶識それぞれによって、生起する心所も相異します。しかし、いずれにしても、私たちは、これら五十一心所を均等に持っており、その意味で皆同じ地平に立っている、というのが唯識の考え方です。ただし、こうした心所も「種子」ですので、その現行化の多寡あるいは強弱や濃淡ということの中に、同じ地平に立ちながらも、自ずから人それぞれに独自の人生模様をつむぎ出すという現実の契機があるわけです。

以上一瞥したように、すべてはわが心の転変であり、自分の肉体やそれをとりまく環境もまた例外ではないというのが、唯識仏教の考え方です。深層心の第八阿頼耶識が、「種子」を保持していることは先に述べた通りですが、このほか「有根身《うこんじん》」と「器世間《きせけん》」を執持すると考えられています。有根身は肉体、器世間は環境のことですので、阿頼耶識はまさに一切の根源だということがわかります。

これにかんして、法相宗祖の慈恩大師には、「心外《しんげ》に法有りといわば生死《しょうじ》に輪廻し、一心のみなりと覚知すれば生死永く棄つ」という有名な言葉があり、『愚迷発心集』にも引用されています（前編9　急ぐべきこと）。このなか、「心外に法有り」とは、認識の対象（法）が自分の心から出たものとは思わず、まったく別に展開する客体とみて、あるいは愛着し、あるいは嫌悪する――。これが、私たちの認識とその対象への意志の実態ですが、そのかぎりにおいて、私たちは永遠に苦の世界・迷いの世界から離脱することはできないというのです。『愚迷発心集』はそのことを、「諸法は皆、心の変作《へんさ》なりと説けども、あたかも影に向って憤喜をなすがごとし」〔傍点、筆者〕と述べています（後編2　憑み難き自己）。貞慶の唯識教学に裏打ちされたものの見方、あるいは、人をみる目の的確さがしのばれます。

一方、「一心のみなりと覚知する」の一心とは、まさに第八阿頼耶識のことで、すべては阿頼耶識という一心の転変なのだと見定めたならば、迷妄の世界から解脱することができるという意味です。――なお、こうしたことをふくめ唯識全般の概要については、別途、拙著『はじめての唯識』（春秋社）を参照していただければ幸いです。

ところで、こうした唯識教義に裏打ちされた貞慶の信仰の具体的な展開は、ふつう、多岐にわたるとみられています。たしかに、近年殊に注目されている貞慶の講式類を一瞥するだけでも、舎利・弥勒・地蔵・文殊・観音・神祇・春日権現・薬師・弁才天・聖徳太子という諸尊への思いが語られ、また、釈尊説法の霊鷲山《りょうじゅせん》や法華経そのものも取り上げられています。さらに建久三年（一一九二）七月二十日に草されたという「発心講式」には、釈尊への報恩・弥勒の鑽仰とともに弥陀の本願にも言及し、命終の時、まのあたりに阿弥陀仏を見ながら、極楽往生することを願っています。この思いが、最晩年の「予は深く西方を信ずる」（『観心為清浄円明事』）という文言に収斂されていくのかどうか——。

もちろん、時間的な変遷ということもありますが、それにしても、このような信仰の諸相は、いかにも雑多な印象を受けます。ただ、あれもこれも並列するという信仰形態は元来あり得ず、そこには自ずから基本的な観念に沿って展開される価値のグラデーションがあるはずです。貞慶のそうした基本観念や展開軸をよく示すと思われるものの一つに、建久九年（一一九八）十一月七日に供養された笠置寺十三重塔の願文があります。

それによれば、この十三重塔の主尊は釈迦如来で、それをめぐって、文殊一体・仏舎利三粒・弥勒一千体・大般若経一部六百巻・法華経一部八巻・心地観経一部八巻などが納められました。これから読む『愚迷発心集』にも「本師釈迦牟尼如来」〔傍点、筆者〕とあるように、貞慶の信仰が釈尊を軸に展開していることは明白で、この塔本安置はそれをよく示しています。もとより、本師とはいえ釈尊は過去仏であって、前節にも少しふれたように、貞慶には、釈尊の在世に漏れたという強烈な意識があります。その悲しみの激しさが貞慶を、一方で生身と同等の利益をもたらすと考えられた舎利への信仰に赴かせ、他方、釈迦遺法の弟子たちを救済するという未来仏の弥勒鑽仰に導いたと考えられます。さらに、弥勒菩薩が唯識教学の初祖であってみれば、その弥勒への思いは、いやが上にも熱を帯びたはずです。果たして、すでに前節でもみたように養和二年（一一八二）に『唯識義』を書写したのも、『大般若経』の書写を

笠置曼荼羅図（大和文華館蔵、重要文化財）

発願したのも皆、弥勒内院への上生に資するためでした。

このように、釈迦・舎利・弥勒の信仰は同根ですが、これを内容的に彩るのが、十三重塔内に納められた『法華経』『大般若経』『心地観経』という三つの経典だと思います。いうまでもなく、『法華経』は釈尊の霊鷲山における教説であり、『大般若経』にくりかえし説かれる般若の智慧は、そもそも仏教の根幹です。そして、『心地観経』が説く四恩（父母の恩・国王の恩・衆生の恩・三宝の恩）の中、釈尊の恩が最上だというのが、「発心講式」にみられる貞慶の見解です。いうまでもなく、三宝とは仏宝・法宝・僧宝ですが、それを「仏宝」しかも釈迦一仏に集約しているところに、仏教の創唱者釈尊への大いなる思慕がうかがわれます。貞慶にとって、釈尊は本師以外の何ものでもなかったということが、これによってもよくわかります。

なお、文殊が智慧の象徴であることは人のよく知るところですが、また、覚母（仏母）ともいわれる菩薩です。それは、諸仏は智慧より生ずる、言い換えれば、智慧こそ覚の本質だと考えられるからです。このように、笠置寺十三重塔の塔本状況は、〈釈迦――弥勒〉という貞慶の信仰軸を明確に示しています。そうした中、特に「法相唯識の学解」という観点からは、弥勒と文殊の二尊を重視していたようです。笠置寺時代の著述と思われる『法相心要鈔』（唯識梗概書）によれば、文殊は釈尊九代の高祖であり、弥勒は一生補処《いっしょうふしょ》（あと一度だけ生死があり、その後、釈尊の処を補って仏陀になること）だから、「我が本尊」とするのだと述べています。

ところで、仏教が朝鮮半島から導入された当初こそ、その受容をめぐって意見の対立もありましたが、しだいに日本古来の神祇との融合が進みました。そして、その融合が平安時代には動かしがたい神仏習合思潮となって久しく、貞慶自身その中で育ったのですが、一方、伝統性への自覚というか神国意識も高揚しつつあるというのが、そのころの南都の状況でした。貞慶は、そうした古来の神祇と本師釈尊への思い、また、それら神仏と発菩提心（発心）のかかわりについて、同供養願文は端的につぎのように述べています。『愚迷発心集』を読む上でも重要ですので、やや長いですが、煩をいとわず読んでおきたいと思います。

> 仏子（貞慶）、生を神国に受け、形を釈門に解く。……二諦（神祇と仏教）の徳、報わざるべからず。しかして千界に宝を投ぐるとも、以て一分の恩に報い難し。億劫に身を割《さ》くとも、以て一日の功に報い難し。もし菩提心を発《おこ》さば、また他の人を勧めて発さしむ。これを名づけて、真実によく四恩に報いるという。ああ、自ら未だ一念の大心を発さず、豈《あに》よく他の人を勧め発さしめんや。未だ二親の近慈《ごんじ》を知らず、いわんや群生《ぐんじょう》に及ばんをや。……ここに、吾が朝の濫觴《らんしょう》を尋ぬれば、皆、天照大神《てんしょうだいしん》の開闢《かいびゃく》となす。一代の摂化《せっけ》を思わば、釈迦大師の出世にあらざるはなし。二聖の方便を行ずるに如《し》かず。以て一国の恩義に酬《むく》う。ここを以て、塔婆はこれ世尊の墳墓なり。般若はこれ神道の上味なり。……然ればすなわち、日本一国の間、天地開闢以来、人倫鬼神を擇《えら》ばず、山禽水獣を漏らさず、生をこの土に受くるの者、身を当国に宿すの類、その未だ発趣せざる者は、悉く菩提心を発さしめ、その不定聚《ふじょうじゅ》の類を正定聚《しょうじょうじゅ》に速やかに住せしむ。一人もし発心せば、彼の人また

他を勧めて、展転多重して一国に周遍せん。〔括弧内、筆者〕

この、自ら発心し他の人々にも発心を勧めて、正定聚（必ず真なる世界に趣く者たち）の輪を拡げていくことこそ、神仏への報恩であり、かつ、その広がりの端緒を開く一人たらんとするところに、貞慶の宗教世界の本質と心意気があるように思います。

この『笠置寺十三重塔供養願文』では、日本の始まりを国土神の天照大神に求めていますが、「濫觴」や「開闢」という言葉で思い出されるのが春日明神です。貞慶は、『春日大明神発願文』の中で、

（日本国は）本《もと》これ神国なり。彼の宗廟大社の霊神、多くこれ諸仏菩薩の権化なり。……その中、春日大明神は、本朝開闢の濫觴、仏法護持の上首なり。後葉久しく一天にあまねし。誓約殊に吾が宗（法相宗）に重く、総別の機縁、余の社を超えることあり。仏子（貞慶）、幼稚当初より隠遁の今に至るまで、真につけ俗につけ、名と云い利と云い、慈悲の眸《ひとみ》の前に加護を仰ぐこと三十余年なり。〔括弧内、筆者〕

と述べて、春日明神との重大なかかわりを明らかにしています。文中の「（笠置）隠遁」が、春日明神の指示によるものであったことは前節にみた通りです。

この春日明神は、本社四所・若宮一所の五所明神で、その本地仏は諸説ありますが、いま貞

慶の説を示せば、

本社一殿　釈迦如来
　二殿　薬師如来
　三殿　地蔵菩薩
　四殿　十一面観音菩薩
若宮　　文殊菩薩

となります。ここでも、その釈迦信仰が巧みに織り込まれていますが、この春日明神自体、すでに平安時代中期以降「法相擁護の春日権現《しゅんにちごんげん》」として興福寺僧徒の崇敬をうけていました。社頭《しゃとう》では興福寺主催のさまざまな法要が行われ、また、寺僧の個人的任意の社参や参籠も頻繁な神仏習合・本地垂迹思潮の活況を呈した中に、貞慶は育ったのです。先ほどの『春日大明神発願文』には、有名な承平七年（九三七）の興福寺勝円への託宣（春日神が自ら「慈悲万行菩薩」と名乗る）について、「（その）内証はたとい等覚妙覚の極位に非ざれども、当時すでに大慈大悲の薩埵なり。像末（像法・末法）の今、下凡の身として、実に導師たるに堪ゆ」（括弧内・傍点、筆者）との思いを綴っていますが、その絶大な信頼は、承平託宣につづいて取り上げられる教懐《きょうかい》上人への冥告（「汝、我を捨つといえども、我は未だ汝を捨てず」）によって、いよいよ堅固なものになったであろうことは容易に想像できます。いずれにせよ、興福寺僧徒は、つねに法相宗の護法神たる春日明神を意識し、その学業の停滞を「神慮に悖《もと》る」として、唯識仏教の研鑽に励んだのですが、貞慶は、そうした興福寺僧徒の春日信仰のいわば心と形を確立したといえる人ではなかったかと思います。

なお、春日信仰といえば、自ずから『春日権現験記絵』が想起されます。これは延慶二年（一三〇九）、時の左大臣・西園寺公衡《きんひら》の発願により敬造され春日社に奉納されましたが、その成立には、欠本ながら貞慶撰述の「御社験記」なるものが、有力な底本であったと考えられています。貞慶が春日信仰の確立に果たした役割はきわめて大きいのです。

たとえば、貞慶の後、南都では春日五所明神を地蔵菩薩の像容で示すことが盛行するようになりましたが、これも、『春日権現験記絵』巻十六・第四段にみえる璋円《しょうえん》（貞慶の弟子）の堕地獄救済譚に想を得たものかと思われます。その状況を巧みに図絵した「春日浄土曼荼羅図」（鎌倉時代、能満院蔵）は、まさに春日三殿の本地仏地蔵菩薩が璋円を導いて春日浄土に上昇する図柄です。なぜ地蔵菩薩の図像をもって春日の神々を表すのかということについては、やはりこの菩薩に、釈迦・弥勒という二仏中間《ちゅうげん》の無仏時代の救済者という位置が与えられているからだと思います。しかも、殊更に「代受苦《だいじゅく》（当人に代って苦を受ける）」の菩薩といわれるのです。慈悲万行菩薩の春日明神を表わす図像として、自ずから採用すべきものだったでしょう。それはともかく、この無仏の時代にどう生きていくかということは、真摯な仏教者の貞慶にとって、いかにも重大な問題でした。『愚迷発心集』のほぼ冒頭にも、「仏前仏後の中間」という語句が出てきますので、このあたりの状況も記憶に留めておきたいと思います。

――以上、貞慶の宗教世界のあらましを一瞥してきました。もっとも、『愚迷発心集』を読む上での予備知識ですので、それが成稿された笠置寺時代までの概観です。それを念頭に要約すれば、貞慶の宗教世界は、釈迦・弥勒への篤信の上に時代思潮の神仏習合がクロス・オーバーして成立していたと考えられます。そして、この〈釈迦――弥勒――春日神〉が渾然一体となって綾なす神仏習合世界の中、笠置隠遁とはいえ南都仏教の現実の動向を担う者として活躍したわけですが、同時に、唯識研鑽の立場から自己の有体を凝視しつづけたのでした。その透徹した自己への視線は、『愚迷発心集』に凝縮されています。

なお、貞慶の晩年ですが、五十四歳の承元二年（一二〇八）海住山寺《かいじゅうせんじ》に移住していますが、この頃から観音への傾倒が目立ちます（海住山寺は、笠置寺の西北、直線距離にして約八キロメートルに所在する）。貞慶は翌年、もっとも長文の「観音講式」（七段式）を草して、観音への篤信を示しています。その奥書には、自己の年来の信仰をふり返りながら、「……釈迦・弥勒・観音を以て、仰いで三尊と為し、彼の三尊の所居《しょご》を殊に欣求《ごんぐ》するところなり。しかして霊山講・弥勒講は形のごとく式を草す。観音値遇《ちぐう》に至っては、去る建仁ころ歟《か》、略して三段に記す。その後、懈怠なるも承元三年己巳、聊《いささ》か一篇を終えるのみ」〔傍点、筆者〕と述べています。「聊か一篇を終える」とはいうものの、この観音七段式は形のごときものではないという強烈な自負がうかがわれます。貞慶が晩年、観音とその浄土に大きく傾倒したことがわかります。

ただ、先にもふれたように、「発心講式」における西方極楽浄土への志向と、最晩年の『観心為清浄円明事』に述べられる「予は深く西方を信ずる」の文言は気になるところです。貞慶はその文言の前に、「西方往生のことは、機（資質）劣にして土（極楽浄土）勝る。因（仏道の行い）軽くして果（往生）重し。現に往生のことあり。世を挙げて疑わず。これただ弥陀本願の威力なり」〔括弧内・傍点、筆者〕とも綴っています。貞慶には、法然の浄土教を激しく排斥した「興福寺奏状」の著者というイメージから、こうした弥陀への思いは何かと違和感があります。

しかし、『法相心要鈔』によれば、念仏対象として弥勒を示しながらも、弥陀の本願によるべきではないかとの問いを設けて、「三世の諸仏は功徳平等にして、機に随って記を授く。是非すべからず」〔傍点、筆者〕と答えています。これによれば、阿弥陀仏そのものに何ら抵抗感があるわけでもなかったことがわかります。諸仏の覚は「等正覚《とうしょうがく》」といわれるように同等で、是非を越えたもの。一方、衆生側の機根（資質）は千差万別、ゆえに、資質に応じたさまざまな仏道が考えられるというのです。――このきわめて現実的な衆生観・人間観が、実は、唯識教学の特徴です。貞慶は、それを短文で正確に示しているのですが、これから読む『愚迷発心集』は、ある意味で、そうした現実的で透徹した人間観察を他でもない自己に向けたものといえるかもしれません。

そして、その真摯で厳しい自己凝視によって浮び上ってきたのが、後にみるように、「憑《たの》み難き自己」あるいは「愚迷なる自己」の姿でした。笠置寺時代の貞慶はこれを、「愚なるを以て還って知んぬ、大乗の性《しょう》あることを」と述べて、自己の大乗菩薩の資質に手ごたえを感じているようです（『法相心要鈔』）。しかし、同時に「仏を除いて、以外は詳しく知ることあたわず」とも述べていますので、この自身の機根の問題はなかなか微妙なのです。

つまり、貞慶が見定めた憑み難き自己・愚迷なる自己が、時に、文字通り「劣機」として貞慶に動揺をもたらしたであろうことも当然考えられます。その性格の真摯さを思えば、なおさらです。そうした時、「弥陀の本願」が、貞慶の眼前に一瞬にして広がったとしても、何ら奇異なことともも思われません。貞慶の弥陀への思いが十分に語られていないうらみはありますが、「予は深く西方を信ずる」と述べている以上、それはそのまま受け取る他ありません。もとより、その弥陀信仰が、法然流の専修念仏・口称念仏とは異質であることはいうまでもないことです。――信仰とは硬直した教条主義でなく、彷徨うものだという理解に立てば、この弥陀本願への傾斜は、貞慶の全体像を探る上で、はなはだ興味深いことがらだと思います。

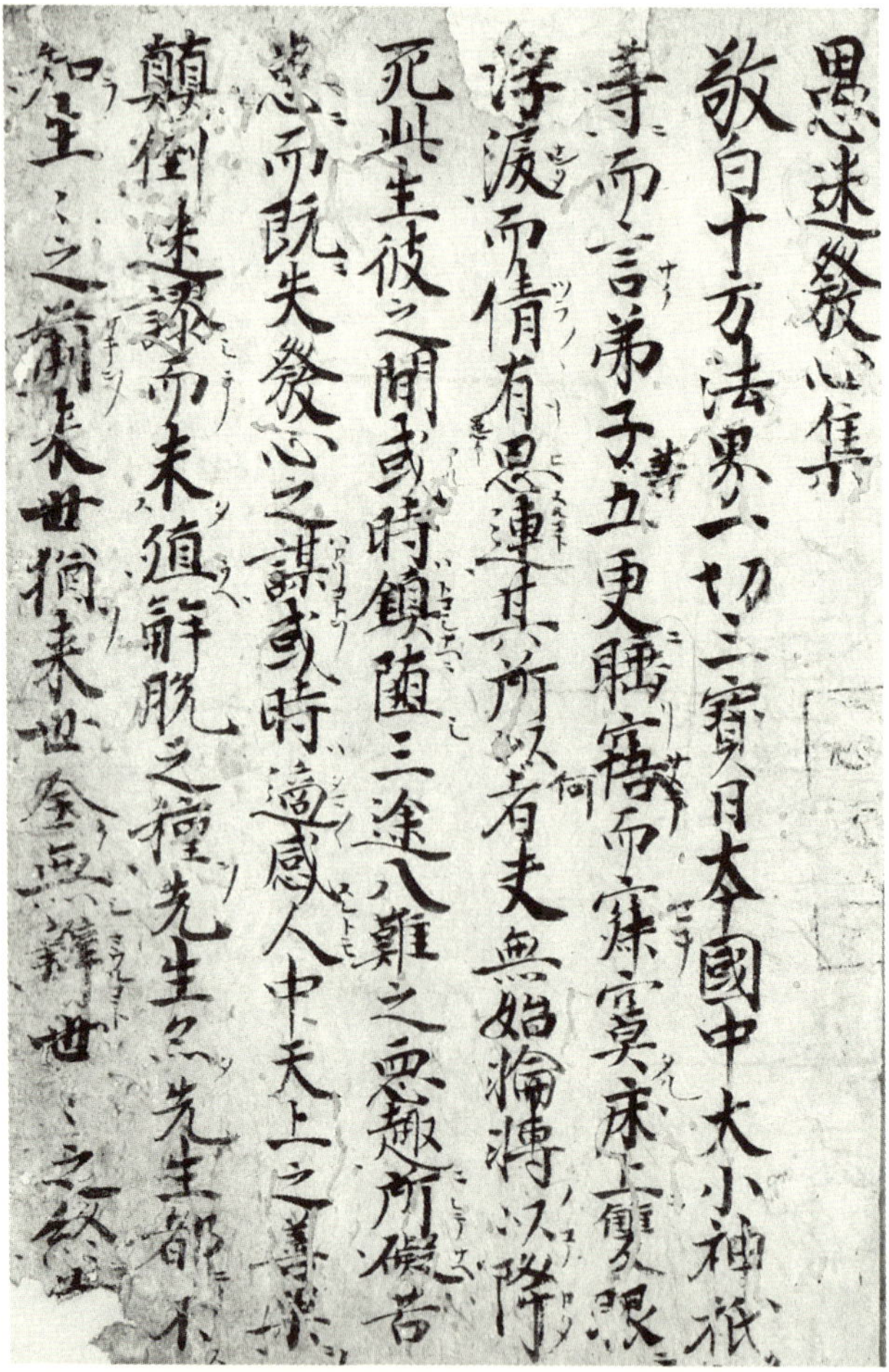
愚迷發心集
敬白十方法界一切三寶日本國中大小神祇
等而言弟子五更聴寤而寂寞床上雙眼
浮涙而倩有思連其所以者何夫無始輪轉以降
死此生彼之間或時鎮堕三途八難之悪趣所礙苦
患而既失發心之謀或時適感人中天上之善報
顛倒迷謬而未殖解脱之種先生又先生都不
知生々之前際来世猶来世全無辨世々之終

長実房英俊旧蔵『愚迷発心集』（法隆寺蔵）

第二章　『愚迷発心集』の梗概とキーワード

『愚迷発心集』の梗概

解脱上人貞慶がいつ『愚迷発心集』を著したか——、建久四年（一一九三）の笠置隠遁後であることは間違いありませんが、その著作年次は特定されていません。というより、原漢文ほぼ四九〇〇字の小品ながら、どうやら一時期に書き下ろされたものではないようです。つまり、先行して成稿された『解脱上人祈請《きしょう》表白』や『無常詞』を適宜、増広・改作したのだと考えられています。このなか、『無常詞』は、笠置隠遁のおりから師の覚憲に送った短い消息（手紙）で、世の無常性を指摘する声を耳にしながらも、それを覚らぬ自己の有体《ありてい》を述べています。無常詞の題号は、後に書写されるにしたがって付けられたものですが、文中、「恨めしきかな、釈迦大師の慇懃《いんぎん》の教えを忘れ、悲しいかな、閻魔法王の呵責の詞《ことば》を聞かんとす。名利《みょうり》は身を扶《たす》くとも、未だ北芒の骸《かばね》を養わず。恩愛は心を悩ますとも、誰か黄泉の魂に随わん」などは、一読して『愚迷発心集』の素材であることがわかります。

一方、『祈請表白』は、『愚迷発心集』のほぼ原型と考えられている駢儷《べんれい》体の願文です。これは、『無常詞』が師の覚憲への手紙であるのに対して、明確に神仏を意識し、それに向って自己の偽らざる姿を告白しています。自己の偽らざる実態とは端的にいって、すべてを比較相対の目で見まわし好都合は好ましく不都合は毛嫌いして、いたずらに貪愛と憎悪の心を増幅してやまず、また、名利を求めて動揺しつづける姿ですが、『祈請表白』は、そうした日常からの「出離の要道」は「ただ一念の発心に在る」として、

——仰ぎ願わくは、無辺の三宝一切の神祇、弟子が愚意を哀愍《あいみん》して、真実の道心を発さしめたまえ。

と、神仏に向って真摯に祈請しています。書誌的研究によれば、この一文をはじめ、およそ一一四〇字を数える『祈請表白』の多くの文言が、『愚迷発心集』に採用されています。『祈請表白』がまさに『愚迷発心集』の原型であることがわかります。この、書き下ろしではなく時間をかけて成稿されたという書誌は、貞慶の宗教世界を考える場合、はなはだ重要だと思います。つまり、それだけ『愚迷発心集』に示されることがらが、貞慶にとって大きな問題であったと考えられるからです。いま仮に、『愚迷発心集』の脱稿・擱筆を、十五年にわたった笠置時代の後半とみれば、『愚迷発心集』のテーマが、まさに貞慶終生のテーマそのものであったといえるのではないかと思います。

さて、そのテーマですが、さきにみた神仏への祈りの文言や『愚迷発心集』の題号からもわかるように、「発心」ということに尽きます。その発《おこ》すべき心とは、いうまでもなく菩提（覚《さとり》の智慧）を求めようとする心のことです。この菩提心をめぐって貞慶は、前節でみた建久九年（一一九八）の『笠置寺十三重塔供養願文』にも、「もし菩提心を発さば、また他の人を勧めて発さしむ。これを名づけて、真実によく四恩に報いるという。ああ、自ら未だ一念の大心を発さず、豈よく他の人を勧め発さしめんや」と述べて、菩提心を発すという誓願を前にして、未だ一念の大心を発し得ていない現実にたたずむ自らの姿を明らかにしています。そうした状況に留意すれば、『愚迷発心集』末尾に語られる、

——我、進んで道心を請《こ》う。

あるいは、

——愚意を哀愍して道心を発さしめたまえ。一要もし成就せば、万事みな足りぬべきのみ。

という祈請には、何かしら非常に切迫した息遣いが感じられます。いずれにせよ、本師釈尊に深く学んで真実を見通す覚の智慧を求め、また、名誉や実利のために動揺しつづける日常を離脱して、釈尊が到達された揺るぎない境地に至ろうと決意し、かつ、その決意の下にどこまで

も仏の世界を求めていく――。それが、「真実の道心」です。貞慶は、『愚迷発心集』の中で、そうした少しも後退せず、退転もしない堅固な求道心が、自分の中に発ることを至心に祈請しています。

その祈りはまことに真摯ですが、いま問題の「発心」ということを改めて考えてみると、すなおに呑みこめないことがとりあえず一つあります。それは、そうした真の道心を発すのは、他ならぬ貞慶その人だということです。つまり、貞慶が菩提心を発すわけです。これを私たちの問題として引き寄せていえば、道心を発すのは、私たち自身に他ならないということです。要するに、私たち一人ひとりが、意を決して道心というものを発せばいいのです。それをどうして神仏に祈請するのか――、という疑問です。

現に私たちは日常、何かと決心しながら暮らしています。つまり、何ほどか心を発しているわけです。もっとも、しばらくすると、その決心もどこへやら――。そういう経験は少なからずあります。『愚迷発心集』の末尾にも出てきますが、仏教ではそれを「退屈心」といいます。目標に向って歩き出すのですが、段々難しくなってくると、初志貫徹の気持ちが退き屈するのです。その頼りなさ、ふがいなさといったらありません。われながらあきれてしまいます。その点、貞慶はどうだったでしょうか。実は驚くべきことに、示寂の数週間前でさえ、「自心頼み難し」との口述を残しているのです。鎌倉時代の南都仏教の動向を一身に担った宗教偉聖にして、この口吻を洩らしている――。そこに何か、神仏に祈らざるを得ないものがあるのだと思われます。

この点、たとえば、プロテスタント神学者のラインホルト・ニーバーの祈りの言葉に、つぎのようなものがあります。

——神よ、
変えられるものは、それを変える勇気を、
変えられないものは、それを受け入れる冷静さを、
そして、
変えられるものと変えられないものとを見分ける知恵を与えてください。

この祈りの言葉は、いまの問題を考える場合、ひじょうに示唆的です。この「変える」のも「受け入れる」のも、そして、「見分ける」のも、すべて私たち自身がすることです。しかし、正直なところ、スッパリと変えることも受け入れることも、また、見分けることもなかなかできません。何か、ぐずぐずしてうまくいかないのです。ここにやはり、人間を超えたものへの祈りの必要なことが窺われます。

『愚迷発心集』の中で貞慶は、ずるずると後退したり、容易に退転してしまわない真実の道心の発ることをひたすら神仏に祈っています。神仏を明確にイメージしながら、そうした堅固な道心の発ることを一途に求めているわけです。貞慶はそのことを、「仰ぎ願わくは、三宝神祇、愚意を哀愍して道心を発さしめたまえ。一要もし成就せば、万事みな足りぬべきのみ」と

述べていますが、この「発心したならば万事は充足するのだ」という思いは、発心こそが貞慶畢生のテーマであったことを明確に物語っています。そして、「その利益《りやく》とは何事ぞ、いわゆる道心これなり。世間浅近《せんごん》の益は、皆このための方便なり」とも述べていますから、真実の道心の発し得たことを、祈りの利益あるいは功徳と受け止めようとしていることがわかります。

こうした祈りの世界は、しかし、思うほど簡単に成立するものではありません。ここでいう祈りの世界とは、祈りの対象と祈る者との間に他のいかなる要素も介在しない場合にのみ成り立つ時空のことです。たとえば、一遍上人の「唱ふれば仏も我もなかりけり南無阿弥陀仏南無阿弥陀仏」にみられる主客のボーダーレス、あるいは、親鸞聖人の「弥陀の五劫思惟の願をよく〳〵案ずれば、ひとへに親鸞一人がためなりけり」(『歎異抄』)というある種の独占に、そうした時空の展開の一端が見てとれます。そうしたところでは、たとえ一時的にしろ、私たちが日ごろ悩まされる他人との比較から解放されますし、優劣や美醜あるいは好都合不都合など、相対的なものの見方や判断による好悪の感情に掻き乱されることもありません。つまり、愛と憎しみによる心の乱れのない「捨《しゃ》」とよばれる状況が、そこに出現するわけです。『維摩経』の第四章・菩薩品に、

——捨はこれ道場なり。憎愛を断ずるがゆえに。

と述べられるように、憎・愛の二辺を捨て去った状況です。私たちはその時はじめて、すべて

をありのままに、そして平等に見る目をもつのですが、同時にまた、祈る者の中に眠っている善心（いまの場合、真理を求めようとする心）が大きく揺りうごかされるのだ、と考えられています。

言ってしまえば、〈この私〉が発心するのですが、このように、それが真摯な祈りによって導き出されるものであるかぎり、どこまでも与えられたものとして受け止める――。それが宗教的な受け止め方ですが、同時に、そのように受け止めることが、道心堅固につながってもいくわけです。その意味で、「我、進んで道心を請う」という表現は見逃せませんが、さきのニーバーの祈りもまた、変える勇気も受け入れる冷静さも見分ける知恵も、与えられたものとして受け止めるのだと思います。いずれにせよ、こうした発心こそが祈りの利益なのだという考え方の下、大きな展開をみせたのが貞慶の宗教世界でした。

ところで、このように『愚迷発心集』のテーマは「発心」であり、堅固な求道心の発ることが神仏に至心に祈られたのですが、実はもう一つ忘れてはならないことがあります。それは、全篇が真摯できびしい自己凝視でつらぬかれているということです。『愚迷発心集』は、その意味で、むしろ自己凝視の書といってもいいほどです。もとより、そのきびしい凝視によって明らかにされるのは、愚迷な自己の実態です。

貞慶ほどの人ですから、仏道への志しも仏道に一途でありたいという気持ちも充分にあるのですが、わが身をよくよく顧れば、何かぐずぐずしている。日ごろ釈迦遺法の弟子と自負しているのなら、その教えに深く学んで、ただひたすらに仏道を究めればいい――。話はそれだけで、ある意味で、まことに簡単なのです。ところが――。自己の有体を凝視すればするほどに、いいようのない緩慢な習慣性に取りこまれた姿が、次々に明らかにされてくる。それは、釈尊思慕の思いとは裏腹に、ともすれば仏道を退屈する愚迷な自分の姿です。

ひるがえって、私たちもまた、時に自己をふり返ることがあります。その結果、多少なりとも自分の現況が見えてきますが、それはほとんど気分のよくないものであり、やるせない。また、苦痛なしには正視できないものも当然あります。そのため、さらに自己の有体を露にしていくことがなかなかできません。それどころか、不快・やるせなさ・苦痛を感じる分、それを打ち消す目先の楽しさに我を忘れようとしがちです。しかし、貞慶は、そこを「然れども」「然れども」「しかのみならず」と、その痛みややるせなさを乗りこえて自己凝視を深めていきます。

その自己凝視の透徹さは類を見ませんが、それゆえに人間一般に通底したものとなっており、読めば読むほどに、私たち自身の日常の実態がえぐり出されて、「ここにどうして自分のことが書かれてあるのか」という気持ちになってしまいます。しかし、そうした自己凝視を深め、自分の愚迷さを見定め自覚してこそ、はじめて仏の世界に出会えもするのだと思います。『愚迷発心集』は、その道筋を示唆していますが、なお、それを要約したのが、『法相心要鈔』の、

――愚なるを以て還って知んぬ、大乗の性《しょう》あることを。

という一文ではないかと思います。透徹した自己凝視によって露になった愚迷な実態――、それはあまりにも神仏の世界に遠いのですが、しかしだからこそ、神仏の世界を求めるのではないか。そして、それを一途に希求するほどの者が、どうして仏道を歩むことなどできぬといえよう。〈この私〉もまた、その道を退屈することなく歩き果せるであろう――。そうした確信が、「大乗の性を知る（菩薩の資質が具わっている）」ということの意味でしょう。そして、その確信とともに、発心すなわち堅固な道心への目覚めも自ずから出てくるのだと思います。

そうであれば、自己の愚迷さを見定め、それを自覚することこそが重大な宗教的作業です。発心をテーマとする『愚迷発心集』が、その紙数のほとんどを自己凝視に費やしている意味も自ずから首肯されます。まことに「愚迷発心」の題号が示すように、発心は愚迷の自覚ゆえに見い出されていくものなのです。

最後に、『愚迷発心集』の書写・引用・注釈などを簡単に紹介しておきます。貞慶の占めた位置からみて、『愚迷発心集』の書写は早い時期から行われていたでしょうが、残念ながら現在、鎌倉時代の写本は見い出されていません。ただ、本書で底本に用いた長実房英俊旧蔵の『愚迷発心集』の奥書に、「写本云」として暦応四年（一三四一）書写のことが記されています。また、書誌研究によれば、浄土真宗の存覚が文和五年（一三五六）に著した『存覚法語』に、「風葉の身保ち難く、草露の命消え易し」から、「南隣に哭し北里に哭す、人を送るの涙未だ尽きず。山下に添え原上に添う、骨を埋むるの土乾くことなし」、また、「傷ましいかな、親しく語を交えし芝蘭の友、息止りぬれば遠く送る。哀しいかな、まさしく契りを結びし断金の昵《むつび》、魂去りぬれば独り悲しむ」(前編4　すべては移ろいゆく)の一節が引用されており、南北朝の書写・引用の事情は、僅かながらも知ることができます。

また、能の名曲「江口」(後場)の詞章の一部にも、「ある時は鎮《とこしな》えに三途《さんず》八難の悪趣に堕し、苦患に凝《さ》えられて、すでに発心の謀《はかりごと》を失い、ある時はたまたま人中天上の善果を感ずれども、顚倒迷謬《てんどうめいびゅう》して未だ解脱《げだつ》の種を殖《う》えず。先生《せんしょう》また先生、すべて生々の前を知らず、来世なお来世、まったく世々の終を弁《わきま》うることなし」(前編1　はじめに)の一節が、適宜引かれています。この能は観阿弥(一三三三〜一三八四)の原作で世阿弥(一三六三?〜一四四三?)の改作といわれますから、かれこれ十四世紀後半には、すでに『愚迷発心集』の名文が広く世に知られていたことがわかります。

なお、『愚迷発心集』の注釈書としては、『愚迷発心集思連鈔』(寛文五年―一六六五―刊)『同　寄講』(天和二年―一六八二―刊)『同　直談』『同　和談鈔』(貞享三年―一六八六―刊)があり、このなか、『直談』は、『愚迷発心集』の本文とともに岩波文庫で刊行されています(高瀬承厳　校注)。また、日本思想大系15『鎌倉旧仏教』(岩波書店)に、鎌田茂雄氏の校注による『愚迷発心集』本文(底本・東大寺祐成本)と田中久夫氏のすぐれた解説が収載されています。

『愚迷発心集』のキーワード

以上、駆け足でしたが、貞慶とその著『愚迷発心集』について概観してきました。貞慶が『愚迷発心集』において宗教課題としてひたすら求めたのは、退転なき発心の一事でした。それは、「我、進んで道心を請う」といい、そして、「愚意を哀愍して道心を発さしめたまえ。一要もし成就せば、万事みな足りぬべきのみ」という真摯な祈りの言葉からも容易に認められます。しかし同時に、見過ごしてはならない重要なことは、いうところの堅固な道心が、他でもない自己の愚迷さを徹底的に明らかにした末に、自ずと求めずにはおれないものだということでした。つまり、愚迷の自覚から発心の祈請へ、という道筋が示されているわけです。その意味で、『愚迷発心集』のキーワードは、まちがいなく「愚迷」でしょう。ただ、貞慶の透徹した自己凝視によって露になったその愚迷なさまは便宜、

・憑《たの》み難き自己
・名利に惑う自己

という二つの側面によって理解できるのではないかと思います。この中、「名利」については、すでに第一章の貞慶小伝で指摘しましたので再説せず、ここでは、「憑み難き自己」などを

キーワードとして、貞慶の宗教世界をもう少しみておきたいと思います。

　すでにみてきたように、『愚迷発心集』は、堅固な道心の発ることを神仏に祈請する内容です。この発心ということを再度取り上げれば、発心するのは他ならぬ貞慶であり、また、問題を引き寄せていえば、私たち自身ということになります。その貞慶や私たち一人ひとりがそうした道心を発せば、それこそ「万事みな足りぬべきのみ」です。とりわけ貞慶は釈尊を「本師」と仰ぎ、その在世に漏れたことを恨めしく思うほど釈尊思慕に生きた人です。それほど釈尊を思慕し仏の世界に憧れるのであれば、つべこべいわず直ちに道心を発し、以後その決心の下ただひたすら仏道を歩めば、それでよく、誰に遠慮も要らぬことです。

　たとえば、『今昔物語集』（巻第十九）に、讃岐国多度郡の源太夫の話が収録されています。それによれば、源太夫は「心極めて猛《たけ》くして、殺生を以て業《わざ》とす。……亦《また》、人の頸《くび》を切り、足手を不折《おら》ぬ日は少くぞ有ける。亦、因果を不知《しらず》して、三宝を不信《しんぜ》ず。……かくのごとくして、悪《あしく》奇《あさまし》き悪人にて有ければ、国の人も皆恐てぞ有ける」という極悪人です。それがある日、ふと仏僧の話に耳を傾け、そのまま西方をめざしたというのです。説話だといってしまえば、それまでですが、「我れは此《ここ》より西に向て、阿弥陀仏を呼び奉て、金を叩て、答へ給はむ所まで行かむとす。答へ不給《たまわ》ざらむ限《かぎり》は、野山にまれ、海河《うみかわ》にまれ、更に不返《かえる》まじ。只向《むき》たらむ方に可行《ゆくべ》き也」といって即刻歩み出した源太夫に、ひじょうにきっぱりとした宗教性が感じられます。

　それを、「我、進んで道心を請う」などとは、まわりくどい。菩提心を発す、というのは何かもっと直截なことではないのか――。いってみれば、そんな感じがするのですが、すでにみたように、それほど話は簡単ではない。ふと心によぎる仏道への志しも、仏道をひたすら歩もうという折角の殊勝な気持ちも、つい日々を空しく過ごしてしまう緩慢な習慣性や懶惰《らんだ》な気分、あるいは、枝葉末節のことがらにばかりこだわって、なかなか堅固な決意には至らず、気がつけば旧《もと》の木阿弥――。否、むしろ後退さえしているのではないかと思える時さえあるというのです。

貞慶は、そうした自己の愚迷さを『愚迷発心集』に、

――わが心なお憑み難し。

といい、あるいは、

――等閑《なおざり》の言《こと》の端《は》には、身の錯りを悲しむといえども、真実の心の底には、その過《とが》を改むることなし。たとい随分の勤めありとも、なお以て憑み難し。

と述べています。そして、この「憑み難き自己」は、最晩年の『観心為清浄円明事』にも、つぎのように口述されています。

――心広大の門に入らんと欲すれども、わが性堪えず、微少の業を修せんと欲すれども、自心頼み難し。

貞慶は、こうした「憑み難き自己」、あるいは、さきにみた「名利に惑いがちな自己」の姿を如実に見定めたのですが、その愚迷・迷妄のさまを、唯識仏教の現実的な考え方に照らすならば、この自分こそ「無性有情《むしょううじょう》」に他ならないということでしょう。これは仏性《ぶっしょう》（＝大乗の性。仏となる可能性）をもたぬ者の謂で、こうした部類を認める唯識仏教は、生きとし生ける者はすべて仏性をもっているという大乗仏教に一般的な、理想主義的な考え方と大きく相異する立場となっています。

こうした唯識の現実的な種性論を「五性各別《ごしょうかくべつ》」といい、それについてはいずれ第二部でふれるつもりですが、いまの「無性有情」の要点をいえば、自分こそ仏の世界からもっとも遠い存在だということです。他ならぬ自分がそうした無性有情だというすさまじい自覚は、当然、貞慶を暗澹の淵に導いたはずですが、その一方で、愚迷の徹底自覚こそ、実に発心の祈請をうながすものであったのです。そして、それはさらに、有仏性の確信に通じてもいる――。こうした宗教世界の展開をみごとに示したのが、あの「愚なるを以て還って知んぬ、大乗の性あることを」（『法相心要鈔』）の一文であったわけです。このようにみてくると、「愚迷」は、もはや『愚迷発心集』一書のキーワードにとどまらず、仏教一般あるいは宗教一般のキーワードであることがわかりますが、それはまた自ずから、『愚迷発心集』の占める位置といったものを端的に示してもいるように思います。

ところで、「憑み難き自己」にしろ「名利に惑う自己」にしろ、実生活において誰もが多少なりとも感覚的に認めているものです。しかし、貞慶の場合、それはやはり唯識仏教の学修による認知であり自覚であったのだと思います。さきに一瞥したように、唯識の考え方によれば、私たちの日常すべては第八阿頼耶識にもとづいているのですが、それが無意識の領域であるかぎり、私たちは、阿頼耶識に直接手をつっこんで操作したり改造することはできません。できることといえば、自覚可能な第六意識によって自己の身心を調整し、ひたすら善行を重ね、それによって善なる種子を第八阿頼耶識に送りこむだけです。しかし、その第六意識にしても、つねに自己中心性の第七末那識の影響下にあると考えられています。この末那識について、貞慶の法孫・良遍（一一九四～一二五二）は、

——凡夫ノ心ノ底ニ常ニ濁テ、先ノ六ノ心ハイカニ清クヲコレル時モ、我ガ身我ガ物ト云フ差別ノ執ヲ失セズシテ、心ノ奥ハイツトナクケガル丶ガ如キナルハ、此末那識ノ有ルニ依テ也。

と説明しています（『法相二巻抄』）。「先ノ六ノ心」とは、前五識と第六意識との表面心で、それがいかに無欲恬淡でも、一皮剝けば、いつも薄汚れている。それは深層の末那識のためだというのです。釈迦遺法の弟子として身心を調整しても、それは決して万全ではない——。この

ような指摘を前にすれば、貞慶ならずとも、自ずから「憑み難き自己」の思いがこみ上がってきます。

しかも、私たちが生きる基盤としている第八阿頼耶識は善でも悪でもなく、「無記」なのだというのが唯識の考え方でした。そうした無記の阿頼耶識によって成り立っているというのは、ある意味で、私たちはつねにスタートラインにいるということでしょう。それはたとえば、善なる行為を積み重ねることはすばらしいことに違いありませんが、同時に、その豊かな経験が決して絶対のものではないということです。悪もまた、しかりです。このように、行為の善悪にかかわらず、つぎの瞬間、私たちはつねにニュートラルの立場にいる――。それが、無記の阿頼耶識によって維持されているということですが、それゆえに、私たちはつぎの瞬間、プラスの方向にもマイナスの方向にも行くわけです。つまり、五年十年の充実した生活も、そのまま必ずしも深まるものではなく、油断すればば当然、ずるずると後退してもいくわけです。それはまさに「憑み難き自己」そのものです。

何事か為さんと心に決めても、その決心が磐石のものではなく、むしろ、いとも簡単に崩れ去っていくことは日常しばしば経験するところですが、いま問題の「発心」もまた、例外ではありません。それを、退転なき仏の世界への志向として、ただ一途に深めていくには、超越的実在か内在的超越かはともかく、こうした「憑み難き自己」を大きく超えたものに祈らざるを得ないのだと思います。ここに、道心堅固を求める祈請の必然があるのですが、その発心の祈りをうながす愚迷そのものの認知もまた、貞慶の場合、このように唯識仏教による心の探求にもとづいているのだと考えられます。

しかし、それにしても、『愚迷発心集』には、愚迷・迷妄のさまが容赦なく曝け出されています。それらは、ふつうならば、どこまでも隠蔽しておきたい不都合きわまりない自己の姿です。それをかくも露《あらわ》にし得たのは何か。あるいは、自己凝視がどうしてそこまで深められたのか。何がそれほどまでに貞慶を突き動かしたのか——。最後に、そのことについてみておきたいと思います。

いうまでもなく、露になっていく自分の偽らざる姿ほど、見るに堪えないものはありません。心は痛み、やるせなく、また、何ともいえない気分の悪さが一度に押し寄せてきます。そして、どうせ自分は懶惰・怯惰だと自己嫌悪に陥り、私たちは、せっかくの自己凝視もほとんど導入部で投げ出してしまうのです。貞慶と私たちとでは、一体、どこがどう違うのでしょうか。微妙なことがらだけに一概にはいえませんが、あえて包括的にいうならば、それは、神仏の視線がもうすでに自分を露にしているのだという意識の有無、あるいは、そうした意識の濃淡ではないかと思います。

仏教では「身《しん》・口《く》・意《い》の三業《さんごう》」といって、具体的な身業（身体的動作をともなう行為）と口業（言葉による表示）はもとより、人目にはふれない意業（心中の思い、イメージ）もまた、身・口の二業と同じレベルの行為とみなします。というか、むしろ、この意業をこそ仏教は問題にするのですが、それはともかく、そうした人目にふれぬ心の中の行為さえもが、すでに神仏の視線によって見透かされている——。こうした意識というか感覚が、貞慶の自己凝視を突き動かしてきたのではないかと思うのです。つまり、神仏の前では隠し立ては通用しないということです。『愚迷発心集』では、このことについて、

——自ら人目を慎むといえども、まったく冥《みょう》の照覧《しょうらん》を忘れぬ。

あるいは、

——仏菩薩の影の形に随うがごとくに照見を垂れたもうをも慚じず。

などと反語的に述べられています。しかし、貞慶が、「冥の照覧（照見）」つまり神仏の視線を忘却していたとは思われません。というより、むしろ、大きく感じ取っていたはずです。すでに神仏の知るところに、隠し立てが成立するはずもなく、そこではもはや、秘めた心のひだまでも思い切って露にする他はない——。この冥の照覧の意識こそ、貞慶の自己凝視を根底から支えて透徹したものにし、自己の有体を「然れども」「然れども」「しかのみならず」と次々にえぐり出していったのだと思います。その意味で、この「冥の照覧」こそ、『愚迷発心集』を読み解く究極のキーワードとみていいのではないかと思います。

第二部　『愚迷発心集』を読む

本文（書下し）凡例

1　本書における『愚迷発心集』本文は、興福寺の子院・多聞院に住した長実房英俊（一五一八～一五九六）旧蔵本（法隆寺蔵）を底本とし、板本（寛文十三年―一六七三―刊）により校合した原漢文を訓読し、書下したものである。なお、校訂にさいしては、適宜、日本思想大系15『鎌倉旧仏教』（岩波書店）所収本や注釈書（『愚迷発心集思連鈔』寛文五年―一六六五―刊）などを参照した。

2　原漢文の訓読書下しについては、一般読書に資するため、以下の要領でおこなった。

・適宜、改行して段落を設け、句読点などを施した。
・字体は概ね常用漢字を用い、随時、仮名表記した。また、常用漢字にないものは旧字体で示した。
・仮名遣いは新仮名遣いによった。なお、振り仮名はできるだけ多く付けたが、必ずしも底本等に従ってはいない。

3　講読にあたっては便宜、本文を前後二編に分け、さらに小段を設けて題名をつけ、その小段ごとに二倍ダッシュに導かれた筆者による現代語訳を掲げた。なお、その訳は逐語訳ではなく、文意により大はばに語句を補ったり、言い換えたものである。その語句の補足や言い換えは、煩雑さを避けて、一々（　）などで示していない。また、その訳文の直後に原文を配置した。

4　なお、以下に底本の書誌を略記する。

縦二十七・二×横十九・七（糎）、墨付都合二十四丁（表紙一丁、愚迷発心集本文十七丁、上人御房御事四丁、奥付等二丁）、楮紙、袋綴装。愚迷発心集本文は一丁右左に各々八行、一行に十六ないし二十二字を数える。表紙左下に、同筆で「権大僧都英俊」「相伝英勝」とある。末尾二丁には、「写本云」として暦応四年（一三四一）書写や、文安五年（一四四八）校合、長禄三年（一四五九）書写の年紀が見える。また、天正十五年（一五八七）丁亥十一月日に、七十歳の英俊が此本を修補せしめた旨を直筆するが、これは現に、『多聞院日記』によって確認することができる（同年十月十三日条）。なお、この法隆寺本は、おそらく袋中に挿されたと思われる講問記事（二十四・六×十六糎）一紙をも合せて、近年、調製された。その表紙に佐伯定胤筆の「愚迷発心集」の題簽を貼付する。

〔前編〕

1　はじめに

〔訳文〕――敬って、すべての神仏に申し上げたく存じます。どうか、お聞きください。かの釈尊を本師と慕う者と心得ております私こと貞慶は、予ていささか自己凝視を重ねております。今しも、物音一つせぬ未明の床に目覚めてみると、そんな日頃のふり返りで明らかになった自己の姿について、また、よくよく思われてなりません。実に、さまざまな思いがこみあげてきます。もとより、それらは、涙なしでは語れぬものばかりです。

それはどういうことかと申しますと、私たち衆生《しゅじょう》（生きとし生けるもの）というのは、一向に生の執着を捨てることができないものたちで、その結果、永遠の昔から今に至るまで、五道（五つの生存の在り方）を生まれかわり死にかわりして、輪廻転生するのです。

そして、ある時は、地獄・餓鬼・畜生などのきわめて困難な境遇に生まれて、真の道心を発《おこ》すなどということは、思いもせぬことだったでしょう。もちろん、永い間のことですから、たまたま人や天という境遇に生まれることもあったはずです。しかし、まちがった考えに固執して、せっかくの機会なのに発心し得ずに終ったのだと思われます。

考えてみると、そうした人間や天上という恵まれた境遇はまれで、多くは、よくない生存の在り方ばかりであったのではないかと思われます。

さて今生ですが、わずかではありますが、神仏の世界を垣間見るという恵まれた境遇におります。

［原文］敬って、十方法界の一切の三宝、日本国中の大小の神祇等に白《もう》して言《もう》さく。弟子五更に睡《ねむ》り寤《さ》めて、寂寞たる床の上に、双眼に涙を浮べて、つらつら思い連ぬることあり。その所以《ゆえん》いかんとなれば、夫《そ》れ、無始輪転の以降《このかた》、此に死し彼《かしこ》に生ずるの間、ある時は鎮《とこしな》えに三途《さんず》八難の悪趣に堕し、苦患に礙《さ》えられて、すでに発心の謀《はかりごと》を失い、ある時はたまたま人中天上の善果を感ずれども、顚倒迷謬《てんどうめいびゅう》して未だ解脱《げだつ》の種を殖《う》えず。先生《せんしょう》また先生、すべて生々の前を知らず、来世なお来世、まったく世々の終を弁《わきま》うることなし。つねに地獄に処ること園観に遊ぶがごとく、余の悪道に在ること己が舎宅のごとし。我、いかなる処より来り、また去っていかなる身をか受けん。親しきに付け疎《うと》きに付け、皆、今生に始めて見る人なり。神と云い仏と云い、またこのたび纔《わず》かに知る者なり。

『愚迷発心集』は、このように「十方法界の一切の三宝、日本国中の大小の神祇等」と祈りの対象をまず掲げ、それを発端の言葉として始まっています。神仏習合の宗教世界に生きた解脱上人貞慶《じょうけい》らしい書き出しです。五更は、午前三時～五時の末明です。仏教では、ほぼ午後七時から翌朝の五時までを夜と認めて、二時間を一更として、夜分を初更ないし五更に区分します。

これにつづく「その所以いかんとなれば」以下が本文です。三途八難の「三途」は、地獄・餓鬼・畜生の三悪趣（三悪道）で、後に出る善趣の人・天と合わせて五道です。衆生の生存の在り方を五つに部類分けしたものです。ふつう、六道輪廻というのが一般的で、「修羅」を畜生と人との間に立てるのですが、仏教の基本では五道なのです。他者との争いを特徴とする修羅は、五道のどの生存の在り方にも見受けられるものだということでしょう。

いずれにせよ、これらの生存の在り方に共通する「生の執着」を離脱するところに、仏教の理想とする境地があると考え、その離脱を「解脱」というのです。「解脱の種を殖える」とは、要するに発心＝真の道心を発《おこ》すことです。そうではなく、生の執着に固執した行為を重ねれば、死後それ相応の境地に趣く――それが輪廻転生で、そのことが永遠の過去から続いているというのが、「無始輪転の以降」です。

なお、「八難」は、三悪趣に鬱単越《うったんおつ》・長寿天・聾盲瘖瘂《ろうもういんあ》・世智弁聡《せちべんそう》・仏前仏後を加えた八処で、このなか、とりわけ「仏前仏後」というのが注目すべきものかと思います。

無始輪転の以降、私たちがどういう境遇を渡り歩いてきたかといえば、貞慶にいわせれば、「つねに地獄に処ること園観に遊ぶがごとく、余の悪道に在ること己が宅舎のごとし」です。三悪趣が、自分の家みたいなものだというのです。こうした認識のもとで、『愚迷発心集』がはじまっています。

2　釈尊在世に漏れる

――そこで私のことでありますが、本師の釈尊が中インドの霊鷲山《りょうじゅせん》などでさかんに法を説かれておられた時分、衆生の多くはその困苦を救われたのですが、その時、この私は一体どこをうろうろしていたのでしょうか。釈尊に遠く離れて生活していたというのは実はウソで、案外、釈尊のお側近くにいたのかも知れません。貪（むさぼり）・瞋（いかり）・癡（おろかさ）の三毒煩悩にどっぷりと浸かって、釈尊そのものの存在やその説かれた教えを、よく見、そして、よく聴き取る心がくもっていたのではないのだろうか、それで、利益を蒙ることができなかったのではないか――。

今にして思えば、そんな気がします。それはともかく、わが本師の釈尊は、今を去る二千五百年前、四十五年間の伝道生活の後、齢八十にして北インドのクシナガラで入滅してしまわれました。三毒煩悩にとっぷりと浸る衆生はそれ以来、どういうことになったのかと申しますと、その煩悩を善導したり伏断する教えも知りませんし、また、たとえ知っていても、それを生活の中で生かすことなどできずにおります。いわば漆黒の闇の中をひたすらさまよっているのです。

そのようにして、釈尊の説法をもはや聴くことはできませんし、釈尊が当来仏と予言された弥勒尊仏が出られるのも、まだまだ先の話であります。つまり、今はまさに仏前仏後の中間にあるわけで、五道を離脱する環境にも恵まれず、また、自己を鼓舞しての自利・利他の菩薩行の実践も覚束ないというありさまです。釈尊在世に漏れたという悲しみは、まったく悲しみのきわみという他ありません。そして、苦になずむ日常にいよいよ埋没することの恨めしさといったらありません。

いずれにせよ、日々の行為も他でもない自分自身の煩悩にもとづくものですから、私たちのまわりにあると想定されているどの仏国にも相手にされず、いよいよ罪業を重ねて、今ここに至ったものであります。

彼の弟子が本師釈迦牟尼如来、昔霊鷲山に在《いま》せしの時は、十方所有の群生、恣《ほしいまま》にその益を蒙《こうむ》れりといえども、三界輪廻の我等、その時いかなる処にか在りけん。黄金端正の聖容は、五濁《ごじょく》の悪世に出でたまいしかども、慧眼《えげん》早く盲いて、まったくこれを見ざりき。迦《か》陵頻伽《りょうびんが》の音声は、三千世界に響きしかども、天耳《てんに》すでに聾《みみし》いて、すべてこれを聞くことなし。照于東方万八千土の光にも隠れ、従阿鼻獄《じゅうあびごくじょうし》上至有頂《うちょう》の益にも漏れたり。遂にして、化縁すでに尽きて竜顔永く金棺の底に入り、荼毘《だび》の時に至って聖容たちまち栴檀《せんだん》の煙と昇りたまいしより以来《このかた》、毒気深入の輩《ともがら》、擣簁《とうし》和合《わごう》の薬をも知らず。為毒所中の類、好色《こうじき》香薬の教をも守ることなし。闇の中にいよいよ闇を重ね、夢の上になお夢を見る。驚くべきの法王の音《みこえ》は永く絶えて、鷲峰《じゅぶ》山の暮の嵐のみ孤《ひと》り冷《すさ》まじく、照すべきの慈尊の月は未だ出でずして、鶏頭城《けいずじょう》の暁の光なお遙《はるか》なり。仏前仏後の中間《ちゅうげん》に生れて出離解脱の因縁もなく、粟散扶桑《ぞくさんふそう》の小国に住して上求下化《じょうぐげけ》の修行も闕けたり。悲しみても、また悲しきは、在世に漏れたるの悲しみなり。恨みても、さらに恨めしきは、苦海に沈めるの恨みなり。いかにいわんや、曠劫《こうごう》より以来今日に至るまで、惑業《わくごう》深重にしてすでに十方恒沙《ごうじゃ》の仏国に嫌われ、罪障なお厚くして今また五濁乱慢の辺土に来れり。

「彼の弟子が本師釈迦牟尼如来」――。仏教の世界にはいろいろな仏陀がおられるのですが、貞慶にとって何が一番根本なのかといえば、それは釈尊なのです。しかし、その敬慕第一の釈尊の在世に漏れている――。これほどの大問題はありません。釈尊在世に遭遇した十方所有の群生（衆生）は、ほしいままにその利益を蒙っています。一方、その時、「三界輪廻の我等、その時いかなる処にか在りけん」。その時、この私は一体どこにいたのであろうか。貞慶は、そう自問しています。

この点、――案外、釈尊のお側近くにいたのかもしれないという思いが、この「その時いかなる処にか在りけん」という言葉の裏に隠されているのではないかと考えられます。実は、このあたりの文章は、『法華経』第一章の序品や第十六章の如来寿量品を下敷きにして書かれています。「照于東方万八千土」云々は、序品の「眉間の光明は、東方万八千の土を照らしたもうに、皆、金色のごとくにして阿鼻獄より、上、有頂に至る」（岩波文庫・上巻・二四頁）の引用です。

ちなみに、第十六章の如来寿量品を一瞥しますと、「雖近而不見（近しといえども見ず）」

（同、下巻・三〇頁）の一句があります。まさに「近しといえども見ず」です。はなはだ近いところにいながら見ない――、これはもう、見ない本人の問題というか責任でしかありません。ものごとを真実の相で見る「慧眼」が盲い、そして、真実の相で聞く「天耳」が聾いて、その結果、釈尊の尊いお姿を近くにしながら見それてしまい、また、その尊い説法を聞き漏らしてしまったにちがいない。――そういわざるを得ない、というのが貞慶の切なる思いでしょう。ゆえに、「照于東方万八千土の光にも隠れ、従阿鼻獄上至有頂の益にも漏れた」にちがいないというわけです。なお、いうまでもなく、迦陵頻伽の音声は、後出の「驚くべきの法王の音（師子吼《ししく》）」と同様、釈尊の説法を喩えたものです。

「毒気深入の輩、擣篵和合の薬をも知らず。為毒所中の類、好色香薬の教をも守ることなし」の傍点の語は、いずれも如来寿量品からの引用です（同、下巻・二四頁）。毒気深入の「毒気」とは「三毒煩悩の習気」という意味で、毒気深入の輩とは、その習気《じっけ》が深く入りこんでいる者たちということです。貞慶が学んだ唯識仏教では、行為はすめば終りというものではなく、その行為のもつ善ないし悪の性質を帯びたある種のエネルギーが、阿頼耶識という深層心に植えつけられる（熏習《くんじゅう》）と考えています。

そして、その阿頼耶識に熏習されたある種のエネルギーを「種子《しゅうじ》」とか「習気」というのです。今の場合、貪・瞋・癡の三毒にもとづいたさまざまな行為が、心の深みに植えつける習気のことです。そういう三毒煩悩の習気が心の深みにしみこんでいるのが、「毒気深入の輩」です。「為毒所中の類」も、毒の為に中《あて》られた所の類で、毒気深入の輩と同じ意味です。なお、

「擣篵和合（つきふるい和合した）の薬」や「好色香薬（好《よ》き色や香りのある薬）の教」が仏法を指していることは、いうまでもありません。

ところで、先にふれたように、貞慶にとって本師は釈尊で、その在世に漏れたというのは、実に大問題なのですが、その釈尊が当来仏と予言した弥勒の出現は、五十六億七千万年後だといわれます。つまり、今は「仏前仏後の中間」であるわけです。まさに、二仏（釈迦と弥勒）中間の無仏時代、八難の「仏前仏後」にあたります。

そんな中で、貞慶の思いは再び、敬慕してやまない釈尊の上に立ち戻っていきます。――釈尊在世に漏れた悲しみ・嘆きを、「悲しみても、また悲しきは、在世に漏れたるの悲しみなり」と述べておられます。この「在世に漏れたるの悲しみ」というのは、貞慶がしばしば用いたフレーズです。これに類似したものに、『誓願舎利講式』（三段式）の、

――もし一粒を得て深心に供養せば、生身《しょうしん》の利益と正等にして、異なることなし。我等、無量劫の中に久しく仏恩を戴いて二千余年、今、忝《かたじけ》なくも遺骨《ゆいこつ》を得たり。在世に漏れたるの恨み、この時聊か休む。

というのがあります。釈尊在世には漏れたけれど、幸いなことに今、敬慕してやまない本師の遺骨を得た。これで、在世に漏れたという気持ちも少しはおさまるというものだという意味です。しかし、それだけに釈尊在世に居合せたかったという気持が強いのだといわざるを得ませ

ん。

ちなみに、本書における『愚迷発心集』本文の底本は、興福寺子院の多聞院に起居した長実房英俊の旧蔵本ですが、その長実房の日記に、

――今日昼寝の夢に、妙徳院に於て飯を給うに、椀の内へ金色の舎利四、五粒落ちるを手に取ると見了《おわ》んぬ。仏舎利の夢は善心の事起る、但し悦の内に歎きありと申し伝うと、故祐算法印語られ了んぬ。


という記事が出ています（『多聞院日記』天正十二年―一五八四―正月十日条。表記・傍点、筆者）。この時代、一般に舎利取得の夢は瑞夢と考えられていますが、記事後半に、長実房が師事した学侶の興味深い口伝が書き留められていて、注意をひきます。それによれば、舎利の取得は「悦び」には違いないが、その中に「歎き」の要素があるというのです。つまり、生身の釈尊とまったく同等だとされる舎利を得たことは悦ばしいことだけれど、考えてみれば、遺骨であること自体、もはや生身の釈尊をあり得ないものにしている――。それを思えば、釈尊在世に漏れた歎きが、自ずから再び溢れ出てくるということでしょう。こうしたはなはだ複雑微妙な心理を示す申し伝えも、遡れば、あるいは貞慶あたりから出ているのかも知れません。

なお、惑業深重の「惑」は、要するに、煩悩のことです。その煩悩によって業（行為）がありますので、「惑業」といいます。そして、その業によってもたらされるものは何かといえば、

当然、苦なのです。そこで、仏教ではこれを「惑業苦《わくごっく》」と三点セットで考えるのです。つまり、苦という自己の状況について、私たちはともすれば不平不満を鳴らすのですが、その原因は他ならぬ自己の為した業であり、また、その大本《おおもと》は、これも他ならぬ自分が生まれながらにもっている煩悩（善くない心のはたらき）に端を発しているという解釈です。すなわち、仏教が考える苦というのは、どこまでも自分自身から出てきたものであり、それを他人に責任転嫁していくような考え方はどこにもないというのが、惑業苦の考え方です。

以上の段落は、仏教の命題というか基本的な考え方を、ある意味で、そのままストレートに示したものとみることができます。これをうけて、解脱上人貞慶の目が徐々に自己そのものに向けられていき、その有体《ありてい》がしだいに明らかにされていきます。

3　釈尊の教えと自己

――さきにみたように、私という人間は、本師釈尊の在世に漏れはしましたが、仏滅後二千余年の今、僅かながらも釈尊のお遺しになられた教えを学修する機会にめぐまれております。それは考えてみれば、すばらしい宝が無数に眠っている山に望んでもいなかったのに入ったようなものです。

ただ、信の発露にとぼしく、疑念や怠け心に覆われた身では、そうした宝の山の中にあっても、あたかも何もない家の中にいるようであって、結局は、何も自分のものにすることができないという有様で、後悔することばかりです。

しかし、そんなことでよいのだろうか。もとより、よいはずもありません。「受け難くして移り易きは人身」といい、また、「値い難くして希に得るは仏法」といいますが、私は、そういう人の身をここにすでに受けており、そして、仏法にもすでに出会っています。

つまり、まさに宝の山の中にいるわけなのです。したがって、そうした者がどのような日常をおくるべきか――、それはもはや、いうまでもないことです。すなわち、早く世事瑣末のことどもをことごとく手放し、釈尊のお示しになられた道をただひたすらに歩いていくべきなのです。

それを人の身を得た今やらないのであれば、いつだというのか――。ノホホンと世事にかまけて、その結果、悪趣に落ちれば、その劣悪な環境からはなかなか抜け出せないといわれているのですから。

ああ、八相成道《じょうどう》の昔は、独り如来の出世に漏れたりといえども、二千余年の今、僅かに慈父の遺誡を聞くことを得たり。宝聚《ほうじゅ》の山の間に望まざるに自ずから入るなり、貧匱《ひんき》の家の中に取らずして後に悔いんや。受け難くして移り易きは人身なり。値《あ》い難くして希《まれ》に得るは仏法なり。まさにいかなる行業を以てか、今生の思い出となすべき。これを黙止せば、なんぞ大利を失せざらんや。いわんや一たび悪趣に入り已《おわ》りなば、曠劫《こうごう》にも出で難しとす。たといまた、人身を受くるとも教法に値わんこと、もっとも難し。早く万事を抛《なげう》ちて、まさに一心に励むべし。実にこのたびにあらずば、始めて企てんこと、いづれの時ぞや。

前段は、どちらかといえば仏教の基本に即した記述でしたが、しだいに観察の眼が貞慶自身へと向けられていくのがわかります。もっとも、この一段も、「八相成道の昔は、独り如来の出世に漏れたりといえども」と、なお釈尊在世に漏れたことへの恨み節ではじまっています。この一事がやはり、貞慶にとっていかに大きな問題であったかがわかります。残念の極みなのです。しかし、漏れたのですが、「二千余年の今、僅かに慈父の遺誡を聞くことを得た」自分を改めて確認しています。ただ、それはちょうど「宝聚の山の間に望まざるに自ずから入」ったようなものだというのです。

この「宝聚」は、『法華経』第四章の信解品に、仏陀が須菩提《すぼだい》・迦旃延《かせんねん》・大迦葉《だいかしょう》・目犍連《もっけんれん》という中根《ちゅうこん》の四大声聞《しょうもん》にいずれ仏になる予言を与えたところに出るものです。すなわち、「われ等は今日、仏の音教を聞き、歓喜して踊躍して、未曾有なることを得たり。仏が、声聞は当に仏と作《な》ることを得べし、と説きたまいしをもって、無上の宝聚は求めざるに自から得たればなり」(岩波文庫・上巻・二四二頁)、あるいは、「無量の珍宝は求めざるに自ら得たることを慶幸《きょうこう》する」(同、上巻・二二四頁)とあります。これは、智慧の舎利弗《しゃりほつ》(上根の声聞)が『法華経』第二章の方便品で、仏陀から将来成仏の予言を受けたのですが、その時、中根の四人はまだ予言が与えられなかったのです。それが、信解品において同様の予言を受けたので、まさに「慶幸」したわけです。

貞慶にしても、敬慕してやまない釈尊在世には漏れたけれども、考えてみれば、その遺誡を学修する立場にある——。釈尊在世に漏れた残念は、それはそれとして、今の現状は、まさに須菩提たちが「無上の宝聚は求めざるに自ら得たればなり」と感じたのと同じではないか。受け難き人の身をすでに受け、かつ、値い難き仏法も得ているこの私は、すでに大いなる慶幸の中にいる——。そうした貞慶の思いが伝わってくる文言です。

ただ、貞慶はそれにつづけて、「貧匱の家の中に取らずして後に悔いんや」とも述べています。ふり返ってみれば、信の発露に乏しく、一方、疑念だとか怠け心ばかりが豊富な私です。そんな身では、その無量の珍宝が眠っている山にまぎれ込んだとしても、あたかも何もない貧匱の家の中にいるようであって、結局、何も自分のものとすることができないという有様で、後悔することばかりだ。しかし、もとより、そんなことで終ってよいはずはない——。宝聚の山を宝聚の山たらしめるか、あるいは、貧匱の家にしてしまうのか、という問題です。

それにつけても、貞慶の意識のおもむく先が、「受け難くして移り易きは人身なり。値い難くして希に得るは仏法なり」、また、「一たび悪趣に入り已りなば、曠劫にも出で難しとす。たといまた、人身を受くるとも教法に値わんこと、もっとも難し」と述べていることは、注意を要します。つまり、今生というか、仏法を受けているこの人身においてこそ、心に決めてかからなければならないことがあるという強い思いです。

すでにみたように、仏教では、生の執着を捨てないかぎり生死はくりかえされ、五道（五趣）を輪廻転生すると考えます。その意味で、地獄・餓鬼・畜生・人・天は、どれ一つとっても善くはないのですが、比較相対的にいえば、地獄・餓鬼・畜生は悪趣、人・天は善趣と区別します。悪趣とはこの場合、仏法を学ぶのにきわめて劣悪な環境ということです。その点、善趣たる人の身に生まれ、かつ、まことに慶幸なことに仏法を学ぶ機会にめぐまれている自分というものを、貞慶はきわめて強く意識していることがわかります。だからこそ、「まさにいかなる行業を以てか、今生の思い出となすべき」という自問も出てくるのではないかと思います。そしてまた、それに対する自答の「早く万事を抛ちて、まさに一心に励むべし」、さらに、それにつづく「実にこのたびにあらずば、始めて企てんこと、いずれの時ぞや」という自問にも、この身においてこそ、仏道を一途に求めようとする貞慶の気持ちが窺われます。

ところで、「早く万事を抛ちて、まさに一心に励むべし」といわば決定《けつじょう》された物言いをもって開始された自己凝視が、貞慶の現状をどのように露《あらわ》にしていくのか——、ここで、それを少し先取りしてみておくことにします。そしてまた、抛《なげう》つべき万事とは何かということも合わせて考えてみたいと思います。

〔前編5　発心の契機〕視聴《しちょう》の触るるところ、しかしながら発心の便りといえども、世事に暇《いとま》なくして、すべて思い寄すること能はず。（——見るもの・聴くものすべて、道心を発す契機なのに、世事に忙しくて、そうしたものに心静かに思いを寄せていくことができないのです。）

〔後編3　夢中の名利〕値い難き法に値うといえども、急ぐ功を終ることに嬾《ものう》くして、急ぎ已《おわ》っては、いかなる所作ぞ。ただひとえに世務の計《はかりごと》なり。世務はこれ何の要ぞ。夢中の名利のためなり。名利はまた大いなる毒にして、二世の身心を悩ます。（――何かといえば、なかなか出会い得ない仏の教えに出会っているなぞといいます。そうであれば、仏道を一直線に行き切ってしまえばいいものを、何かぐずぐずしてしまうのです。それでいて、仏法の学修は、やっつけ仕事のように大急ぎでかたづけてしまう。それは一体、どういうことなのか。ずばり言えば、ただただ世事が気になって仕方がないのです。解脱こそ望まれる世間のことどもが、どうしてそのように大事なのか。世事は、煮詰めていけば、はかない名声といささかの実利についての計略にすぎません。その名声を求め、実利を貪るそのことが、わが身心を悩ます大いなる毒なのです。その毒は、今生はもとより、次の生をも悩ますものです。）

つまり、世事とか世務といわれるものは、つきつめていえば、名利のためにこそ営まれるのだというのです。名利とは「名聞利養《みょうもん》」のことで、名聞は自分の名誉が世間に広まることで名誉欲、また、利養は実利を求めていくことです。このためにこそ世事・世務があり、要するに、それが日常生活の内容だという見方です。私たちの日常は、大きくいえば、二元対立・比較相対の世界です。優劣や善悪、あるいは、上下・左右・強弱・広狭・美醜……と、自己のまわりのものをすべて、このようにほとんど無意識に二分し、その上で、そのどちらか一方に偏って生活しています。こうした日常は、端的にいえば、好都合と不都合が支配する世界です。都合のいいものにすり寄っていき、不都合なものを排除する生活です。

たとえば、Aさんという人を、Bさんはとてもいい人だという。それじゃ付き合ってみようかとCさんに相談すると、さあどうかな、あまりよくないんじゃないかという。しかし、実際にAさんに会ったら、とてもよかった――。このような場合、Cさんのあの評価は一体何だったのかということになりますが、Cさんにとって Aさんは、要するに、不都合な人だったのでしょう。私たちは、こうした評価の中でたえず動いているわけですが、実際に会ったAさんが自分にとって不都合ならば、しだいに離れていくのは、人情の常です。やはり、都合のいいものに近づき、不都合なものを視野の外におきたいわけです。排除の論理です。

こういう構図の中で自ずから動いていくこれらの心作用を、仏教の用語で示せば、いわゆる貪《とん》・瞋《じん》・癡《ち》の三毒煩悩ということになります。貪欲はいわば愛です。都合のよきものは、これを親愛の眼でながめ、手元に引き寄せていつくしみたい――。一方、瞋恚《しんに》は憎しみです。不都合なものは、これを嫌悪の感情で冷ややかに見、できるだけ遠くに追いやりたいと思います。そして、これら貪・瞋という心作用を根底から支えているのが、癡（愚癡《ぐち》。無明《むみょう》ともいう）という関係です。そうであれば、こうした貪欲や瞋恚の心作用が自ずから発動する日常世界（世事）を括る構図そのものに、最大の問題があるわけです。

しかし、そうした世事の段取りや実行ばかりに気を取られている――。貞慶の自己凝視はやがて、こうしたところに鋭く注がれていきます。

もとより、私たちもこうした世事世務に埋没した生活を営んでいます。端的にいえば、「毒気深入の輩」であり「為毒所中の類」です。しかし、それだけに、愛と憎しみを自ずから煽り立てる二元対立・比較相対の見方、そして、それに支配される日常の構図というものをたえず意識することは、仏教的生活を試みる上で非常に重要なことではないかと思います。

4 すべては移ろいゆく

――そうした中、「受け難くして移り易きは人身」とはよくいったもので、まさに時は定まらず時々刻々と遷り、それにともなって身体は様変りし、この世での百年などといっても、そのうちに盛りも過ぎていきます。むしろ死後、いつか来た道をたどるかも知れず、三途の郷《さと》に近いというべきです。わが人生を大きくふり返ってみると、どうか――。世事にかまけて流されるばかりで、人生のその時々に、仏道に資するものを貯えたであろうか。誇れるものはありません。今生の持ち時間は刻々と縮まっていくのですが、身・口・意にわたる罪業を重ねるばかりです。

あいかわらず無常なものを「常」と思い、苦であるものを「楽」と思い、不浄なものを「浄」と考え、また、無我なるものを「我」と誤って捉えています。そして、そんな中にも、生・老・病・死という避けられない苦が人の一生を貫いています。よくいわれるように、芭蕉の葉は、見た目がどんなに立派でもいたって脆いものですし、草の上に結んだ露がひと時キラキラと美しく輝いても、あっという間に消えてしまう命です。それと同じで、まだまだ先のことと思っている自分の死も、いわば今日か明日か、というようなものでしょう。そしてまた、どんなに親しく交友する人でも、死ねば幽明境を異にするわけで、この世に残された者は、寂しく悲しい思いをしなければなりません。

春の夕暮れ時、ねぐらへ帰る雁の群れが、霞んだ遠くの空にその声を残し、また、秋であれば、野の虫がしきりにわが庵の籬《まがき》のあたりで鳴きます。しかし、所詮、それらは留まるところがなく、はかないものです。その点、書画にたけた人は、作品というその筆を染めた跡が少しばかり残りはします。しかし、そうしたものを手にとってながめて見ては、つい懐かしくなって、そっと名前を呼んでみたりしますが、もうその人はいないのですから、悲しさは一層募ります。

なかんずく、時遷《うつ》り質《すがた》改まりて、百年の齢ようやく闌《た》け、春往き秋来りて、三途の郷すでに近し。初中後年に何の貯《たくわ》うるところかある。命はすなわち日に随って促《つづ》まる。身口意の業に造るところは、多くは罪なり。数はまた時を追って増す。常楽我浄の顚倒《てんどう》と云い、生老病死の転変と云い、片時も廃《や》むことなく億劫にも窮まることなし。いかにいわんや、風葉の身《み》保ち難く、草露の命消え易し。野辺の煙と昇らんこと、今に在るや明《あす》に在るや。芒庭の苔に伴わんこと、晨《あした》を待つや暮《ゆうべ》を待つや。南隣に哭《こく》し北里に哭す、人を送るの涙未だ尽きず。山下に添え原上に添う、骨を埋むるの土乾くことなし。寒冬の夜の月、孤り影を荒原の骸《かばね》に留め、連峰の暁の風、纔かに哀しみを塚の側《ほとり》の松に聞く。傷ましいかな、親しく語を交えし芝蘭の友、息止りぬれば遠く送る。哀しいかな、まさしく契りを結びし断金の昵《むつび》、魂去りぬれば独り悲しむ。啻《ただ》、春の空に帰るの雁、ほのかに霞の中に音ずれ、僅かに秋の野に鳴く蛬《きりぎりす》、しきりに籬の下に訪《とぶら》う。すこぶる残るところは筆を染めし跡、たまたま呼ぶところは主《あるじ》を失える名のみなり。

「百年の齢」は、仏教の「人寿百歳」の説によるものでしょう（百二十歳という説もある）。それは長いようですが、もとより不変実体のものではなく、時々刻々に変化し、具体的には生・老・病・死の四苦がそれを貫いて私たちはこの生を終え、次の生へと旅立ちます。その上で、貞慶は「初中後年に何の貯うるところかある。……身口意の業に造るところは、多く罪なり」と述べています。「初中後」とは、少年・壮年・老年という人生の三分を表したものですが、そのそれぞれの時に、覚《さとり》に資するものを貯えたか、と自問しています。かつて本師釈尊が証された覚のレベルに、自分も到達するのだと思うのであれば、覚を成ずるに必要な資糧をたくさん積まなければならない——。いま、唯識が示す修道説をみると、つぎのようになります。

・第一　資糧位
・第二　加行《けぎょう》位

・第三　通達位《つうだつ》
・第四　修習位《しゅじゅう》
・第五　究竟位《くきょう》

これは、発心から覚までを五つの階位にして示したものですが、その最初の階位の問題が「資糧」ということです。覚に資する糧をおまえは貯えているのか、ということです。そして、ふり返れば、身・口・意の三業にわたって罪業ばかりで、さらにその数は年とともに増加の一途をたどっている――。ゆえに、「三途の郷すでに近し」なのです。そのうちに、今生にも別れを告げるわけですが、次生は地獄・餓鬼・畜生の三悪道だというのです。「郷《さと》」の語に、このままだったら、やがていつか来た道をたどるのだという思いが感じられます。

ところで、仏教は、私たちの日常生活の実態を「常楽我浄の四顚倒」とみています。私たちは、この世（迷いの世界）の本当の姿を知らず、無常なものを「常」である、苦であるものを「楽」である、不浄なものを「浄」である、無我であるものを「我」であると誤って捉えて生活しているというのです。このなか、無常を例にとれば、自己をふくめてこの世界は時々刻々と変化・流動しています。この、実体的で固定的なものは何もないということがらは、誰もが理解しているはずです。解脱上人貞慶と同世代の鴨長明（一一五五～一二一六）の『方丈記』もまた、その冒頭で、

――ゆく河の流れは絶えずして、しかも、もとの水にあらず。よどみに浮ぶうたかたは、かつ消え、かつ結びて、久しくとどまりたる例《ためし》なし。世の中にある、人と栖《すみか》と、またかくのごとし。

と述べています。この世のすべては有為転変していくという真理がみごとに語られています。したがって、もとに戻ろうというのは無理な話なのですが、これじゃ具合が悪いから無かったことにしようとかいっておさめることが、私たちのまわりには多い。戻りようがないのですが、それを敢えて戻る。しかし、実際は、どんどん変化して流動しているわけです。この無常の喩えが、「風葉の身保ち難く、草露の命消え易し」と出ています。

これは後に「芭蕉の脆き身、たとい楽しみありとも幾《いくばく》の程ぞ。草露の危うき命、たとい栄えありとも久しからず」(後編5　行為のゆくえ)と語られるのですが、これは、『維摩経』第二章の方便品「この身は芭蕉のごとし、中に堅さあることなし」(無常十喩の一)によるものです。芭蕉の葉は、棒状に包まれた状態から葉をゆったりと広げ、何ともかぐわしく風にゆらゆらして気持ちよさそうですが、しばらくすると、風にあおられて筋切れ、あっという間に醜くなってしまいます。堅固さはまるでなく脆弱そのものです。

私たちはまだまだ先があると思って過すのですが、貞慶はそこを、「野辺の煙と昇らんこと、今に在るや明に在るや。云々」と述べて注意を喚起しています。「野辺の煙と昇る」とは要するに死ぬことで、このあたりの数行は、もとより貞慶自身をも含めて人の世のはかなさが綴られているのですが、「南隣に哭し北里に哭す、人を送るの涙未だ尽きず」などとあって、ここではまだ、死を他人事としてみるようなところも、なきにしもあらずといった感じです。
この点、長実房英俊は、日記につぎのような短歌を書きつけています（『多聞院日記』天正九年十二月二十九日条。表記、筆者）。

老いたるも／若きも死ぬる／習いぞと／知り顔にして／知らぬ身ぞ憂《う》き

齢を重ねた者も年若い者も、皆いずれは死んでいく。人間とはそういうものだと、誰もがわけ知り顔でいうけれども、そういいながらも生に執着し、一分一秒でもこの世に留まっていたいと自己に執着した生活をあいかわらず続けている。本当は少しもわかっていないのだ——。そうした人間日常の実態は、まことに「憂きこと」だというのです。憂きとは、つらいことだな、というような意味でしょうか。しかし、このように歎いてみせた長実房自身もまた、「知り顔にして知らぬ身」であることを、次の短歌で暴露しています。

世の憂さに／口荒《すさ》めども／心には／更さら死なん／心地こそせね

いやなこと・つらいことの多いこの世を、人は口ではいろいろに述べて、一刻でも早くこの世から離脱して安楽の世界を求めたいなどという。しかし、本音は、この世を辞すなどとんでもないことであり、死んでなるものか、なのだ。

　これらはまさに「常の顚倒」というべきですが、そうではなく、「ゆく河の流れは絶えずして、しかも、もとの水にあらず」と、そのままに捉えるところに真実相が見えてくる。これが、仏教のものの見方・人をみる眼なのですが、私たちは、それを何とかして固定的・実体的に見ようと躍起になる、あるいは、敢えてそのように見て判断しようとするわけです。そしてまた、死ということについても、他人と自分とでは捉え方が違うのです。

　しかし、改めて「野辺の煙と昇らんこと、今に在るや明に在るや」と指摘され、かつ、受け難き人身を受け、値い難き仏法に出会って、すでに宝聚の山にわけ入っていることに思えば、「早く万事を抛つ」ことの重い意味が自ずから理解されます。

＊

——いうまでもなく、朝のひと時に春の花を愛でた人が、その夕暮れにこの世の人でなくなり、秋の夜に明月を友とした人が、なんと未明に身まかることだってあります。以前に見知った人と旧交を温めようと行ってみたら、主なき家であったということもある。そんなことで、人はこの世を去って、気がついてみたら自分だけが未だこうして残っているわけです。これをどう考えたらいいのか。「有《う》」とみるのか、「有」なぞではないとみるのか。

　体はもうなくなっていて、名前だけが記憶の中に留まっている。まことに夢のようですが、あるいは、夢なぞではないと言い張ってみるか。考えてみれば、本当に人の一生はあっという間に過ぎてしまうもので、すべてにわたって「有」ではありません。いってみれば、朝露や稲妻のようなものです。ともし火が消えると、その火はもう一度点くことがないように、この世を去った人が再びその姿を見せるということはないのです。

しかし、そうはいっても、今を盛りと咲く花を見て、それがやがて風に散り、あるいは、青々と繁茂しているススキを見て、それが晩秋の霜に枯れてしまうと、どうしてその時点で予測できるでしょうか。なかなかできることではありません。加えて、むくげの花も朝のひと時、ホトトギスの鳴き声もまた、まったく一瞬のものです。

いわんやまた、春の朝に花を翫《もてあそ》ぶの人、夕には北芒《ほくぼう》の風に散り、秋の暮に月に伴いしの輩、暁には東岱《とうたい》の雲に隠る。昔見し人今はなし、ただ、蹤《あと》絶えたるの芒屋のみを訪う。今聞く類《たぐい》たちまちに去る、また荒砌《こうせい》の墳墓に埋れぬ。人往きて我は残る、これ、有とやせん有にあらずとやせん。体《すがた》は去って名のみ留まれり、かれ、夢か夢にあらざるか。一生過ぎ易く、万事実なし。朝の露に異ならず、夕の電《いなずま》に相《あい》同じ。燈の消えて後ふたたび見えざるがごとく、魂去りぬる人重ねて来ることなし。豈《あに》図りきや、装いを敷ける樹の花、風に化して散り、翠《みどり》に藹《おいいで》たる庭の芊《すすき》、霜に遷《うつ》されて枯るということを。しかのみならず、槿《きん》花《か》一《いっ》晨《しん》の栄え夕にはなく、郭公数声の愛《なぐさ》みも久しからず。

この一段も、有為転変のさまが巧みに綴られています。「春の朝に花を翫ぶの人、夕には北芒の風に散り、秋の暮に月に伴いしの輩、暁には東岱の雲に隠る」――。貞慶は、こうした劇的に変化する例を持ち出して、生そのものの移ろい易さ・はかなさというものを確認しようとしているのでしょう。北芒・東岱は、中国でよく知られた墳墓の地です。秋の明月と語り明かそうとしたその人が、有明の月がまだ空にある頃、「東岱の雲に隠る」ことだってある……。

そうした有為転変あるいは無常の中に、貞慶自身も当然入っているわけですが、これについて、「人往きて我は残る」というのです。この一文は、私たちが死というものをどうみているかという点で、はなはだ興味深い記述だと思います。端的にいえば、ここでは貞慶もまた死はまだ遠くのものという気分のようです。そこで、「これ、有とやせん有にあらずとやせん」と自問しています。

ここでまた、長実房の日記を参照してみたいと思います〔表記、筆者〕。

――（天正二年十二月七日条）さても身の上も顧みず、常住の思いのみなり、ただ大明神を憑《たの》み奉る計《ばかり》なり。

――（天正十五年十二月二十八日条）死ぬる人は／皆我よりも／若けれど／更に行くべき／道と思わず

前の記事は、知人の学僧の逝去記事の直後に書かれたコメントです。よく見知った人が亡くなっても、死は必然とは思わないで、常住の思いのみだというのです。しかも、それを春日明神に祈請しています。人の死を間近にみても、それに思いを寄せて無常ということに思い至らず、それどころかむしろ、長寿の願望をたくましくしています。こうした記述の正直さは『多聞院日記』の特徴の一つで、『愚迷発心集』を読む場合にも、ひじょうに参考になります。ふつう『多聞院日記』といえば、中世末・近世初頭の史料として利用されるだけですが、人間の実態解明という面でも貴重な資料を提供してくれています。

それはともかく、つぎに後の記事ですが、これは長実房喜寿の年末に収録されている短歌です。高齢の長実房はここでも、自分より若い人たちがこの世を去って趣くあの世を「更に行くべき道と思わず」といい切っています。実にすさまじい生への執着です。まさに「人往きて我は残る」です。

貞慶は、そうした自己をとりまく状況を「これ、有とやせん有にあらずとやせん」と改めて問い直しています。「有」とは、ものごとを不変・実体的に捉えることです。私たちの肉体をはじめすべてのものは、「因縁生《いんねんしょう》」といって、さまざまな要素が組み合わさって一時的に生じたものです。したがって、そうした因縁生で一時的に存在するものはみな、それそのものの自性というべきものがないわけです。仏教ではそれを、「無自性《むじしょう》」とか「空」とか「無」と表現するのですが、そのように移ろい易いものだといっておきながら、私たちの本音は「空」という認識ではなく、それを「有」として捉えてしまうのです。――有とみるのか有ではないとみるのか、貞慶は自らに厳しく問いかけています。

5　発心の契機

――考えてみれば、見るもの・聴くものすべて、道心を発す契機なのに、世事に忙しくて、そうしたものに心静かに思いを寄せていくことができないのです。そもそも稲妻とは何なのか。一瞬の光のうちに消滅するにすぎないものです。ひるがえって、わが身はどうか。これとて、見方によっては「有」といえないこともないけれども、それは謬見で、あっという間にどこかに去ってしまうものでしょう。いささか過ぎ去ったことどもをふり返ってみると、ことごとく夢のようであって、私は何をしてきたというのでしょうか。

このままだと、三悪道に堕ちるのも、決して遠いことではありますまい。よくよく世間の転変を観察すれば、人の死を悲しんで心を痛め涙することが、本当に多いことです。そこで、ひるがえって、心静かにこのわが身の定めなさに思いをいたせば、憂えを抱えつつ在るその悲しみというものが、自ずから心に深くきざまれます。

そして、この身の資質の移ろい易さを考えてみれば、それを後生大事に誇ってみたところで、どれほどの間だというのか。まことに僅かな間なのです。その、まことに僅かなひと時をできるだけ保とうとの思いは、今や益なきあがきともいうべきものです。まったく光陰矢のごとしであり、頑健な身体でも思いもよらず早く衰えていくもので、老朽家屋が強風の中に辛うじて立っているよりもおぼつかないといっても決して過言ではありません。

このように、この世のものはすべて移ろい易く、どのようなものも確固としたものはないにもかかわらず、常住の思いだけが実に堅固なのです。そうしたとき、一体いつ、親しい人との永別を覚悟するというのでしょうか。あいかわらず、好ましい人には青眼を用いて親愛の情をたくましくし、その人をわが身にひき寄せて、いつまでもいつくしみたいと思っている私です。また、一体どこで、白骨をさらし土くれにまみれようというのであろうか。どこでどうして死んでしまうか、それはわからないことです。

私はいってみれば、羊が屠所への道を引かれていくようなもので、だんだん死に近づいていき、戻ることなど、さらさらできません。雷や泡のはかなさに喩えられるわが身は、まさに日の光があたって消えてしまう朝露のようなものです。しかし、常住の思いばかりが心に浮んで、まさに今にも、人の魂魄を奪うという鬼が扉を開けて入ってこようとしていることを、まったく気にもかけていません。

あるいはまた、今日にも、重い病気を患ってしまい、無為のうちに死を迎えることもあろうというのに、そうしたことを少しも弁えないで、無為の日々を過しているのです。まして四百四病があるといいますから、頓死も珍しいことではない。まことに、常住の思いに捉われている自己を大きく反省すべきです。

この世がどうして牢固だといえよう。多くの因縁によってしばらくの間成り立っているだけです。すべては因縁所生《しょしょう》です。そんなわが身を、むしろ堅固なものと考えて執着しようというのか。我ここにありと主張してみても、仮《け》和合のものにひと時の名前がついているだけに過ぎません。

爰《ここ》に、視聴の触るるところ、しかしながら発心の便りといえども、世事に暇《いとま》なくして、すべて思い寄すること能わず。そもそも電光いかなる物ぞ、ほのかに熌《ひらめ》いてたちまちに滅す。我身幾《いくばく》の程ぞ。有と見れども、いずれへか逝かん。一たび往事を顧みれば、深更の夢、枕の上に空しく、ふたたび将来を想えば、幽冥の路《みち》、趺《あなうら》の下に在り。つらつら世間の転変を観ずれば、哀傷の涙袖に余る。静かにこの身の浮生なるを思えば、憂懐の悲しみ肝に銘ず。およそ身の資什《しじゅう》の斜めなる質《たち》を見れば、用いること幾許の程ぞ。気の出入の僅かに通うことを尋ぬるごとに、保つこと今やその限りならん。いわんや、年月の図らざるに遷ること、山水の庭に流るるよりも俊《と》く、身体の覚えずして衰うることは、旧宅の風に向うよりも危なし。いずれの時節に当ってか、青眼永く閉じて再会を隔てんと欲する。またいかなる野の叢《くさむら》に移ってか、白骨新たに曝《さら》して塊塵に伴はんと欲する。屠所の羊、今幾か無常の道に歩み、閻魔の使、いずれの時にか朽室の窓に臨まん。電泡の保ち難きの体は旦暮を送るの間、草露の程なきの命は出る日を待つばかりなり。知らず、今の時にや抜精の猛鬼、鉾《ほこ》を捧げて柩《とぼそ》の下に来らんと欲することを。弁えず、この日より極重の病苦身に受けて、為《せ》んかたなくして死なんと欲することを。いわんや衆病は身に集まる、驚くべし怖るべし。頓死は眼に遮《さえぎ》る、顧みずんばあるべからず。この世、豈牢固ならんや、衆縁を以てしばらく成ぜり。我身むしろ堅く執せんや。名字を以て人に仮れり。

前段で示したさまざまな「無常」の例を承け、貞慶はここで、「視聴の触るるところ、しかしながら発心の便りといえども、世事に暇なくして、すべて思い寄すること能わず」という名文を綴っています。私たちが経験する有為転変のすべては、考えてみれば、真の道心を発すべき契機に他ならない——。どんなにむくげの花が美しく咲いても、夕方には萎んでしまいますし、逝った人は帰ってきません。こうした無常のさまに深く思いを寄せればいいものを、私たちは「世事」に忙しくて真実の相を見逃し、自分の都合に合せて、ついそれがいつまでもそこにあってほしいなぞと妄想してしまう。自分の肉体が今ここにある。それに、どこも悪いところがない——。そうであれば「有」ではないか、ということになるのかもしれません。しかし、もとよりそうではなく、貞慶もいちおう、「わが身幾の程ぞ。有と見れども、いずれへか逝かん」と、真実の相を確認してはいます。

なお、テキストによっては、ここの本文が「視聴の触るるところ、しかしながら発心の便りといえども、世事に暇なくして、すべて思い棄つること能わず」となっているものがあります。「棄つる」を取れば、棄てるべきは「世事」ということになります。前編3の表現を用いれば、「万事を抛つ」です。一方、「寄する」を取れば、思いを寄せるべきは、発心の契機たり得る「視聴の触るるところ」のものすべて、ということになります。「棄つる」も悪くありませんが、前後の文章を素直に読めば、「寄する」がより妥当ではないかと思います。

本書で採用した底本を旧蔵した長実房は、これに関連してつぎのような日記記事を書いてい

ます（『多聞院日記』天正十八年四月二十四日条。表記、筆者）。

——抑《そもそも》、寒梅はや紅色に移り、初花頓《たちどころに》て遅桜、藤花則《すなわち》見果て、芍薬杜若《しゃくやくかきつばた》盛りを得る。昨は過ぎ今行なわる。見聞するに、ことごとく盛者必衰生者必滅、眼前に命を責める便りなるを、一分の発心覚知なし。扨々、八九に一あまる今、幾程の憑みもなし。重欲・無慙・念々の悪行、冥々の照覧《しょうらん》、可悲々々、可恐々々。

長実房が、解脱上人貞慶の著述をわりあい熱心に書写していたこともあってか、なにやら『愚迷発心集』を想起させる一文です。今を盛りとするものもいずれは必ず衰える、そして、生じたものは必ず滅するのだという事例は、目の前にいくつも繰りひろげられるのですが、長実房も「世事に暇なくして、すべて思い寄すること」ができなかったらしく、正直に「一分の発心覚知なし」と述べています。しかも、いささかも真の道心が発らないどころか、「八九に一あまる」つまり七十三歳にして、欲が深く恬として自らを顧みて恥じることなく、念々の悪行という体たらくだ、というのです。

ただ同時に、そこに「冥々の照覧」が注がれているという自覚も語られています。この「冥の照覧」は、『愚迷発心集』本文としてはもう少し後に出てきます（前編7　神仏の視線）。くわしくはそれにゆずりますが、「冥《みょう》」とは「目にみえない」ということで、要するに神仏を指しています。その神仏の視線が直線的にわが心中に注がれている——。これが「冥の照覧」の意味です。長実房の日記記事の読み方はいろいろあるでしょうが、神仏の視線を意識していたからこそ、人目につかぬ「重欲・無慙・念々の悪行」も明確にし得たのだと思います。

それはさて、本段でもなお、この身の移ろい易さ・人間の不安定さ・有為転変のさまが述べられています。すでにみたように、『維摩経』第二章の方便品では、無常ということが十の喩えで示されています（大正蔵一四・五三九・b）。この「無常の十喩」は有名なものですので、つぎに列記します。

①この身は聚沫《しぶき》のごとし、撮摩《とら》うべからず。
②この身は泡のごとし、久しく立つことを得ず。
③この身は炎《かげろう》のごとし、渇愛より生ず。
④この身は芭蕉のごとし、中に堅さあることなし。
⑤この身は幻のごとし、顚倒より起こる。
⑥この身は夢のごとし、虚妄《こもう》の見《けん》たり。
⑦この身は影のごとし、業縁より現ず。
⑧この身は響きのごとし、諸の因縁に属す。
⑨この身は浮雲のごとし、須臾《しゅゆ》にして変滅す。
⑩この身は雷のごとし、念々に住せず。

このように、わが身は移ろい易く、また、いかなるものも確固としたものはないのですが、それにもかかわらず、常住の思いだけははなはだ堅固なのです。そこで、貞慶は、「いかなる時節に当ってか、青眼永く閉じて再会を隔てんと欲する」と自問せざるを得ないのです。青眼とは、好ましい人に用いるまなざしのことで、その反対に、嫌悪する人に用いられるのが白眼です。これは、青白眼をたくみに用いた晋の阮籍《げんせき》に由来する話です。阮籍は、老荘思想の竹林七賢のひとりですが、青白眼をたくみにあやつったことで有名な人です。自分にとって好ましい人の訪問には青眼で対応する、つまり、黒目勝ちにまじまじ応対する——。一方、気に入らない人には、顔を向けてはいるのですが、肝心の目は白眼だったというのです。白眼では訪問者の顔は見えません。

つまり、相対《あい》していながら、その訪問者を視野の外に排除しているわけです。白眼視の語はここから出ているのですが、それはともかく、好ましい人への親愛の眼差しも、いつかは閉じなければならない時がくるし、そして、その死の場所もわからないことです。祖父の信西入道が自害し、父が配流されるという貞慶の不幸な幼少期の体験を想起すれば、この文章が少しも観念的でないことがわかります。花の下で死にたいと思い、その願いがかなった西行法師は、むしろ、幸運な例外かもしれません。

＊

——人間ですから、ひと時、世間の楽しみにふけることもあるでしょう。しかし、たとえそうであっても、ずっとそうでありたいと思ってはならない。永遠につづく楽しみなぞないのですから。また、ひと時の間、ものを惜しむということも、仕方のないことかも知れません。しかし、たとえそうであっても、それをずっと引きずってしまうのは、いかがなものであろうか。すべては滅する定めなのですから。

そうであれば、天人や人王の羨むべき快楽でさえ、もはや好ましいものではない——。それは、死後ふたたび同じ境遇に生まれるとはかぎらず、その行為のいかんによって五道を経歴するのですから。まことに、いかなる生を得ようと、悲しむべきことに有為転変の苦しみというものがあります。それですから、泡沫や風前の灯火にも喩えられるはかないわが命の消滅する前に、次の生のことを充分に考え、けっして今生よりさらに劣悪な境遇に堕ちないよう考えなければなりません。今生の楽しみはまったく一瞬のもので、何のためにもならない。夢の中の困苦なのですから。

そして、未だ解脱せず、生死の闇を輪廻しつづける苦しみは、これを深く厭うべきです。迷いの前の憂えといえるものなのですから。まことに水沫の命です。そんなことは明日考えることにしようと思ってはならない。それは懈怠というものです。私は過ぎし日、残念ながら堅固な道心を発さずにいました。それゆえの今生であり、生死《しょうじ》の世界に深く埋没する凡夫です。その今生の日々を今までと同じように空しく過すのであれば、後生はいよいよ劣悪な環境の下に生まれることでしょう。

それゆえ、どうして今生をノホホンと過せようか。わが身を改めて顧れば、幸いにも受け難くして受けた人の身であり、また、値《あ》い難き仏法にもすでに出会っています。その意味で、仏法はすでに親しく仏心参入し易い立場です。それを、むしろ緩慢と日を送って参入しないでおこう、というのですか。

たとい楽しむとも楽しみ遂ぐべからず、始めあるものは終りあるが故に。たとい惜しむとも惜しみ終《は》つるべからず、生ずるものは必ず滅するが故に。天主人王の快楽《けらく》も好ましからず、世々にすでに歴《ふ》るが故に。胎卵湿化《たいらんしっけ》の行苦は悲しむべし、生々のつねの悩みなるが故に。如《し》かじ、ただ水沫の命の未だ消えざるの前に、務《いそ》ぎて来世の営みを企て、風前の燈《ともしび》のほのかに残れるの程、宜しく険難の路を脱《のが》るべし。今生刹那の快楽、実に以て益なし、夢の中の困《くるし》みなるが故に。未来長劫の苦悩、深くこれ厭うべし、迷いの前の憂えなるが故に。明日を期《ご》すことなかれ、懈怠《けたい》を好むことなかれ。過去に未だ発心せざるが故に、今生はすでに常没《じょうもつ》の凡夫たり。今生もし空《むな》しく徒《いたずら》に送れば、後世もいよいよ悪趣の異生たらん。豈ただ安然《あんねん》として徒に有り難き日月を送らんや。むしろまた緩慢として、得易きの最要を求めざらんや。

本段の前半は、すでに一瞥したように、ひきつづき有為転変のさまが述べられていました。いうまでもなく、私たちは生まれてこのかた、確実に死に向かって歩いているわけです。そして、人間の一生は長いようですが、考えてみれば、きわめて短い――。貞慶によれば、それは

「旦暮を送るの間」です。朝から夕暮れの、ほんのちょっとした間だというのです。否、もっと短く、「出る日を待つ」「草露の程なき命」だという。まことに慌ただしいことですが、加えて、私たちには「衆病」があるというのです。

仏教では、病気は四百四病と数えています。私たちの身体は「四大所造《しだいしょぞう》」といって、地・水・火・風の四大（四元素）から成り立っていると考え、その四大が不調になり過不足が生じると、四大の各々に百一の病が生じる、そこで四百四病というわけです。いずれにせよ、「頓死は眼に遮る」で、その四大が不意に不調になり、あっという間にこの世を去らねばならないこともある。まったく、この身もこの世も牢固であろうはずもないのです。すべては因縁所生で移ろい易く、無常なものです。

そうした状況の中に、私たちは一時的に存在するにすぎないのですから、ひと時の楽しみにふけったり、あるいは、いささかもの惜しみすることはあっても、それを引きずるべきではない。実にそうした執着の生活こそ、次生のより劣悪な境遇をまねくことにつながっていく――。そこに深く思いを寄せて、はかない命の消えない間に早く、「険難の路を脱る」ための方策を企てる必要があるのではないだろうか、と貞慶は一歩進めています。「険難の路」とは、地獄・餓鬼・畜生の三悪趣と仏前仏後などの八難に通ずる日常の在り方で、それを回避し、さらに仏心参入のための日常を企てようではないかという提唱です。

このように、有為転変のさまを思えば、明日がある、明日にしようという「明日を期す」考え方は、端的にいって、「懈怠」そのものでしかありません。仏心参入の企て・道心を発すということは、今日ただいまの課題だというわけです。

6　来し方行く末

――さらにいえば、過ぎし日々の行為はまことに拙いものであったために、今生の境遇は釈尊在世に漏れたというあわれなものです。そして、今生の行ないがまた愚かなものならば、次生がさらに劣悪な環境であることは間違いありません。それでよいというのか。いうまでもなく、過ぎ去った前生の僅かな善行の貯えは、受け難き人の身を受けたことによって、もうとっくに使い果たしたはずです。もちろん、来るべき後生が今よりもさらによき境遇であることは願うところですが、それに資する貯えは、一体どういう状況なのか。

それをふり返れば、わが数十年の行為は、まさに悪業そのものといってよく、さらに細かくみれば、わが念々の思いは、文字通り、妄想きわめて深いといわざるを得ません。そして、自利・利他という菩薩行の実践と誓願は、私の勤めるべきことがらですが、それもはなはだ不足しています。つまりは、現在と未来にかかわる最も肝要な善の蓄積が、一つもないという有様です。わが日々の行ないはただ、欲界をさまようだけのものでしかありません。いうまでもなく、昨日は今日のために、今日は明日のためこそ営むものです。そうであれば、いつ、こうした日常に別れを告げ、そして、仏の世界をめざして道心を発すべきか、自ずから明らかです。

ところが、わが日々の行為をふり返れば、ひたすらこの身の維持のための所行ばかりです。たとえば、たった一つの貪りという業も、それだけにとどまらず、つぎからつぎへと増幅して無量の悪業を重ね、その結果、永く六道を経回らざるを得ないのです。それはあたかも、膠《にかわ》がしつこく粘着したり、車が庭の中をぐるぐる廻るばかりで一向に外に出て行かない様子に似ています。いってみれば、名聞利養の毒薬を夢まぼろしのごときわが身に服用して、今生と後生とを空しく過そうとするもので、まことに悲しいことです。

また、恩愛の繋縛によって、ただでさえ乱れがちな心をいよいよ迷妄なものにして、今生をいたずらに送ろうとするもので、実に愚かしいかぎりです。こうしたことを、今生の日々に、少しでも仏心に寄り添って調整していこうという気持ちを持たねば、後になって大いに後悔することは必定だといわざるを得ません。

しかのみならず、過去の宿業《しゅくごう》拙《つたな》くして、今生すでに卑賤孤独の報を感ずるなり。今生の所行愚かなる故に、未来はまた地獄鬼畜の生を受けんか。いわんや先の因たる戒善の力は、今の身にすでに果しおわんぬ。後生善処の貯えは、望むところ何事ぞや。数十余年の日々の所作は悪業実に多く、百千万億の念々の思惟は妄想至って深し。二利の行願、勤むるところすでに闕《か》けたり。現当の最要、儲くるところ一つもなし。ただ我等が所作は、流転の業にあらずということなし。昨《きのう》は今日のために営み、また今日は明《あす》のために務む。まさにいずれの日いずれの時に、永くこの世を逝《さ》らんと欲すべきや。ひとえにこの身のために無量の業を造る、一業の果、無量の劫を送る。六趣に経歴すること、車の庭に旋《めぐ》るがごとく、五欲に耽着《たんじゃく》すること、膠の草に着くに似たり。悲しいかな、名利の毒薬を幻化の身中に服して、空しく二世を殄《ほろぼ》さんこと。愚かなるかな、恩愛の繋縛《けばく》を迷乱の心上に結びて、徒《いたずら》に一期を送らんこと。今生にいささかも制伏の念《おも》いなくば、後世の大なる怨《あた》、身に随える影のごとし。

前段末から貞慶は、自己の現在の境遇が、過去世における道心不発に起因していることを明確にしています。「常没の凡夫」とは、生まれ変わり死に変わりする輪廻転生の世界に埋没し切った愚迷なるもの、という意味です。「今生はすでに常没の凡夫たり。今生もし空しく徒に送れば――」の一文に、今生にかける思いが感じられます。現在の境遇とは、受け難き人身を受けた身であり、しかも、値い難き仏法に出会っている今こそ、仏道を一直線に歩ましめる道心を発さなければならない。――そんな思いが伝わってきます。

それにしても、過去世の業が拙かったために、「今生すでに卑賤孤独の報を感ずるなり」と綴らざるを得なかった貞慶の思いは、実にやるせないものだったでしょう。この「卑賤孤独」とは、仏法を学ぶということにおける劣悪な環境ないし境遇を指すものだと思います。第一部ですでにみたように、身分の上下からいえば、貞慶は貴種の出自でした。藤原南家の出身で、祖父の通憲信西入道などは後白河天皇の近臣として活躍したほどですから、いくら謙遜でも「卑賤」はありません。もっとも、「孤独」の語は、幼少時の家庭的な不幸がどこかに反映しているかもしれませんが、平治の乱で祖父が自害、父の解官配流の後、興福寺に入寺してからは、叔父の覚憲やその師の蔵俊という明匠《みょうしょう》たちの間にあって仏教を学修しましたから、そうした状況は「孤独」ではないでしょう。というより、むしろ、その教学的環境はきわめて優れたものでした。

しかし、釈迦信仰の面からみれば、本師釈尊の在世の漏れたことほど、遺憾なことはありませんでした。この「卑賤孤独」の語を理解するために、『愚迷発心集』の冒頭すでに次のような記述のあったことを想起しておきたいと思います。

――彼の弟子が本師釈迦牟尼如来、昔霊鷲山に在せしの時は、十方所有の群生、恣にその益を蒙れりといえども、三界輪廻の我等、その時いかなる処にか在りけん。

――遂にして、化縁すでに尽きて竜顔永く金棺の底に入り、荼毘の時に至って聖容たちまち栴檀の煙と昇りたまいしより以来、毒気深入の輩、擣簁和合の薬をも知らず。為毒所中の類、好色香薬の教をも守ることなし。闇の中にいよいよ闇を重ね、夢の上になお夢を見る。

――仏前仏後の中間に生れて出離解脱の因縁もなく、粟散扶桑の小国に住して上求下化の修行も闕けたり。悲しみても、また悲しきは、在世に漏れたるの悲しみなり。恨みても、さらに恨めしきは、苦海に沈めるの恨みなり。

――ああ、八相成道の昔は、独り如来の出世に漏れたりといえども、二千余年の今、僅かに慈父の遺誡を聞くことを得たり。

本師釈尊を思慕してやまない者にとって、もっとも遺憾なことは、やはり釈尊の在世に遭遇しなかったという事実でしょう。釈尊の肉声を聞くことができず、その直接的な救済や善導に与《あずか》れなかったという事実は、どうにも納得できない――。これらの文章からは、そうした気持ちがひしひしと伝わってきます。そして、ひるがえって唾棄にも値する自己の現状への悔恨……、それらが、ないまぜになった微妙な心理――。それが「卑賤孤独」の内容ではないかと思います。解脱上人の作になる『舎利講式』は三種ありますが、「生身の利益に漏れることを悲しむといえども、なお舎利の流布に遇うことを喜ぶ」（一段式）、「我等、無量劫の中に久しく仏恩を戴いて二千年の今、忝《かたじけな》くも遺骨を得たり。在世に漏れたるの恨み、この時いささか休み、未来を契るの志し、もっとも切なり」（誓願舎利講式、三段式）、あるいは、「在世の正《しょう》機《き》に漏れたりといえども、聖教に遇い舎利に遇いて、すでに滅度の遺弟に列なれり」（五段式）と、そのすべてにわたって、釈尊在世に同時同所たりえなかったことへの恨みが述べられています。この、正機を逸した事実は、貞慶にとって余程のことだったことがわかります。

ところで、わが悪業を述べるにさいして、貞慶が本段で「百千万億の念々の思惟は妄想至って深し」と、ことさらに意業に注目していることは、後段（前編7　神仏の視線）との関わりからみて重要です。もともと貞慶が学んだ唯識仏教は、すべてを心の作用ないし心の要素に還元して考える立場ですが、その内面というものは見ることができません。いわゆる身・口・意の三業のなか意業がそうで、心中での思いやイメージは、他者の目を寄せつけぬものです。しかし、それだけに、いきおい乱雑にもなる――。宗教の第一義は、その調整にこそあると思うのですが、わが心に直線的に注がれる神仏の視線を意識することが、その要諦でしょう。その神仏の視線を意味する「冥の照覧」を出すいわば伏線として、「百千万億の念々の思惟」の迷妄さがここで指摘されているのだと、受け止めたいと思います。

なお、「今生の所行愚かなる」、「数十年の日々の所作は悪業実に多く」、そして、「念々の思惟は妄想至って深し」と述べられる愚・悪・妄とは、心所（心のはたらき）でいえば、煩悩と随煩悩の二十六心所ということになります。その項目のみ一覧しておきます。

煩　悩　貪―むさぼる
瞋―排除する
慢―自己をたのみ、他をあなどる
癡―道理、真理に暗い
疑―真理を疑う
不正見―誤った見解

随煩悩　忿―危害を加えようとする
恨―うらむ
悩―他を悩ませる
覆―隠しだて

誑—たぶらかす
諂—へつらう
憍—うぬぼれる
害—相手を傷つける
嫉—ねたみ
慳—物惜しみする
無慚—自らを顧みて恥じない
無愧—他に対して恥じない
不信—真理を顧みない
懈怠—なまける
放逸—欲望のままにふるまう
惛沈《こんじん》—異常に沈んだ心
掉挙《じょうこ》—異常に浮き立った心
失念—記憶を失う
不正知—誤った理解
心乱—集中を欠き、乱れた心

つぎに、「二利の行願、勤むるところすでに闕けたり」とは、前出（前編2　釈尊在世に漏れる）の「仏前仏後の中間に生れて出離解脱の因縁もなく、粟散扶桑の小国に住して上求下化の修行も闕けたり」〔傍点、筆者〕をうけています。二利とは「自利」と「利他」で、一口に「上求《じょうぐ》菩提、下化《げけ》衆生（上に菩提を求め、下に衆生を化す）」と言い慣わされています。もとより上求菩提が自利、下化衆生が利他ですが、その二利ということを、自利利他平等に遂行しようとするのが大乗の菩薩道です。発心は「発菩提心」ですから、狭義には上求菩提にかかわる決意に他なりませんが、それが自利にとどまらず、下化衆生をも促していくというのが、自利利他平等の精神です。

第一部でみた『笠置寺十三重塔供養願文』に、「もし菩提心を発さば、また他の人を勧めて発さしむ」「その未だ発趣せざる者は、悉く菩提心を発さしめ、その不定聚の類を正定聚に速やかに任せしむ」とあったことを想起したいと思います。『愚迷発心集』本文の大半は、発心前段の自己凝視・自己分析に費やされていますが、この自利利他平等がいわば通奏低音になっており、終結にいたって、それが明確な形で示されます。

貞慶は、「二利の行願、勤むるところすでに闕けたり」といいつつ、わが行為をふり返っていますが、自身を真理の世界に導く善根功徳の蓄積ははなはだ少なく、まさに「流転の業」そのものだと述べています。そして、その流転の業を、①名利②恩愛の繋縛という二つに大きく分けて考察しています。実にこの二つのことがらが、抛つべき「万事」であり、また、暇のない「世事」の大半だという見方でしょう。名利とは、名聞と利養のことです。要するに、名誉欲と実利に潤うことです。このためにこそ、人は行為する――。

また、恩愛とは、親子や夫婦など近親者の間に交わされる愛情のことで、人はそれに自ずから縛られて自在を失います。それが恩愛の繋縛です。仏教では概ね、「愛」の語をいい意味では用いません。たとえば『増支部経典』で、「愛より愛は生じ、／愛より憎しみは生ずる。／憎しみは愛より生じ、／憎しみは憎しみより生ずる」と端的に説かれるように、愛と憎しみはセットだからです。愛憎の感情を操作するのは、ひとえに自己の「都合」ですが、その自分の都合によって生じた愛または憎しみの感情によって、人はさらに惑乱される――。これを何とか制伏したい、という思いが、「今生にいささかも制伏の念いなくば、後世の大いなる怨、身に随える影のごとし」の文言から、じわりと感じ取れます。

7　神仏の視線

――ところが、ここに至ってさえ、たまたま僅かに善業に励んでも、その多くは悪縁のために長続きせず、また、いままでの自己の行為を反省して悲しむことがあっても、その気持ちは、近親者との愛情にふりまわされて、たちまちのうちに忘れてしまうのです。真理の世界を目指す時に障りとなる数多くの罪もまた、霜や露のようなものだと経典に説かれていますが、その霜や露を消してしまう肝心の恵みの陽光が雲に隠れているし、すべては影や焔のようにはかないものだとは聞いても、その真実をなかなか信解することができず、つい執着してしまいます。

滅罪生善の志しについていえば、気持ちと実際とが一致せず、また、発心修行のはかりごとも、とりあえずはやってみますが、心がそれについていきません。それに、どうでもよいことはうるさいくらいにお喋りするけれども、肝心の出世間のことがらは、早々に切り上げます。そして、他人の欠点短所をそしっても、自分の過失を顧みず棚上げです。誰からいわれるのでなく自ら人目をはばかって、見かけは慎んだものにしますが、神仏の視線が注がれているのをまったく忘却している私です。ごく稀にちょっと善いことをしても、多くの場合、名誉欲のために、そのせっかくの善業を穢してしまうのです。まわりを見わたせば、あらゆるものに貫徹している「無常ということ」が目につくはずですが、そうした一時的に存在しているもの（仮有《けう》）を、「ちゃんとあるじゃないか（実有《じつう》）」と考えて、いよいよ執着する。

そして、この身を構成しているものは、清浄なものは何一つとしてないと聞いていますが、だからといって、不浄を湛えたこの身を厭離するという気にはならないのです。あるいは、時節が移りゆくその無常さを言いたてることがありましても、それにつれて、自分の命の持ち時間が短くなっていることは、これを一向に顧みません。あるいはふと、たとえば六斎日に慎んだ生活をしてみるかと思うのですが、ちょっと考えて、「それもやっぱりできないな」と計画すら立てない。

こんなことですから、やれることも、やらずじまい。ついつい怠けてしまうのです。自分の時間を比較的つくり易い夜は寝てしまってダメですし、昼は昼で、何かと世事に忙しくて、それに流される生活です。秋の夜長し、春の日遅しといっても、これでは空しく時間が過ぎるばかり。二利の行願も、これでは話にもなりません。目を凝らしてみれば、わが心は実にたよりないことですし、また、神仏の視線を強く意識するということも覚束《おぼつか》ないかぎりです。

ここにおいて、たまたま小業を翹《くわだ》つといえども、多くは悪縁のために破られ、ほぼ罪障を悲しむといえども、還って恩愛のために忘れられぬ。衆罪は霜露のごとしと説けども、慧日隠れて照らすことなく、諸法は影焔に似たりと聞けども、妄情現じて迷い易し。滅罪生善の志は、心と事と調わず。発心修行の計《はかりごと》は、内と外とともに乖《そむ》けり。無益の語をば囂《かまびす》しくすといえども、出世の事をば談ずることなし。他人の短をば斥《さ》し居《お》れども、身の上の過をば顧みず。自ら人目を慎むといえども、まったく冥《みょう》の照覧を忘れぬ。希《まれ》に一善を勤むといえども、多くは名聞の思いに穢《けが》さる。無常は眼に遮れども、実有《じつう》の執《しゅう》いよいよ深く、不浄は身に湛《たた》うれども、厭離の思いすべてなし。あるいは時節の遷流《せんる》を歌うといえども、随って命の促《つづ》まることを顧みず、あるいは日別の所作を始めんと思えども、兼ねてより退屈して企つることなし。この故に、身の堪えたるところ、なおこれを勤めず、心の及ぶところ、多くはこれを怠ることあり。夜はすなわち睡眠のために侵され、昼はまた塵事のために汚さる。秋の夜長し、夜長くして徒に明かし、春の日遅し、日遅くして空しく暮れぬ。自行あえて勤めず、いわんや他人を益するに及ばんや。わが心なお憑《たの》み難し、いわんや冥の知見においてをや。

貞慶によれば、抛《なげう》つべき「万事」、あるいは、暇《いとま》のない「世事」は、ほとんど名利と恩愛に集約されるのですが、それが同時に、人を惑乱させていく大本だとみました。誰でも人からよくみられたいですし、自分の業績は正等に評価してほしい。また、世間並みの実利に潤って何が悪いのかと思い、そして、近親者の動向が気になって仕方ありません。しかし、なかなか思うようにはいかず、また、愛憎も微妙に交差して、近親ゆえに亀裂が修復しがたいこともしばしばです。人は、名利の思惑と恩愛の繫縛によって、いよいよ惑乱してしまう――。そして、何よりも、この自分がそうなのだと貞慶は目を凝らしていますが、そうした中にも、たまには「小業を翹つ」ことだってあるわけです。しかし、その小業（善業）もまた、名利の思惑と恩愛の繫縛にさまたげられて、少しも長続きしない――。そういう日々を過しているというのです。

よくよく目を凝らせば、自己を満たしているのは「衆罪（もろもろの罪業）」です。経典によれば、それは「霜露のごとし」と説かれて、千年続いた闇も一瞬にして破られるように、悪業による罪障も、それを強く自覚し真に悔いるならば、まさに日ざしの前の霜露なのですが、肝心の日ざしが隠れている。これは、後出する「冥の照覧」という意識や自覚がないということでしょう。この「衆罪は霜露のごとしと説けども」以下はまさに名文の連続ですが、中でも、「自ら人目を慎むといえども、まったく冥の照覧を忘れぬ。希に一善を勤むといえども、多くは名聞の思いに穢さる」は、重要な箇所だと思います。

私たちは、誰にいわれるのでもなく自ずから人目をつねに意識し、その人目をはばかって自己の行為をそれなりに調整しています。それはもう、ほとんど無意識の内に行なわれるといってもいいほどです。しかし、さきにも指摘したように、人の視線が明らかにするのは、身業と口業だけです。心の中のさまざまな思いやイメージの意業は、人の視線を気にする必要がなく、誰はばかることもないわけです。そうした意業は乱れがちですし、また、ある意味では、乱れても一向にかまわない——。

しかし、意業も一つの行為であり、まして貞慶の立場は、すべてを心の作用ないし要素に還元する唯識の教えです。その唯識では、行為（＝現行）が、その善または悪の性質を帯びたある種のエネルギー（＝種子）を阿頼耶識という深層心に植えつけ（現行熏種子……現行は種子を阿頼耶識に熏習する）、また、心の深みに植えつけられた種子が縁を得て再び現行化する（種子生現行……種子が現行を生ず）という心理メカニズムを重視します。そうした立場からすれば、「念々の思惟」（前編6　来し方行く末）つまり意業こそ重要であり、そこが乱れることは、要するに、すべてが迷乱してしまうことなのです。その意味で、人目の届かぬ心中にこそ、神仏の視線が一直線に注がれているのだということを意識し自覚していくことは、仏心参入し、道心を発していく上できわめて重要な宗教課題だといえます。

また、「希に一善を勤むといえども、多くは名聞の思いに穢さる」とは、せっかくの善の行為も、それが善ければ善いほど、私たちは、人に知ってもらいたいとか、社会からより良い評価を与えられたいと思うわけです。これは、ある意味で、ごく自然な気持ちですが、往々にして自分が思っているほどの評価は与えられない――。そして、過少評価や酷評、あるいは、評価にも値しないと無視されたら、どうなるか。どんなに冷静でも、僅かながらも心に不満が浮ぶのではないか。あるいは、もっとあらわに、怒りの感情（煩悩の「瞋」心所）がほとばしることもあるでしょう。場合によっては、その怒りの感情が鬱屈していき、世間的評価を得ている同僚を嫉むことになるかも知れない（随煩悩の「嫉」心所）。――そうしたとき、唯識が考える心理メカニズムによれば、「瞋」や「嫉」の現行が、その種子を心の深みに植えつけてしまうのです。つまり、心の深い部位から穢れてしまうというわけです。

善業が結果的に心を穢すというのは、こうしてみれば、そんな珍しいことではなく、きわめて日常的なことがらであることが理解されます。これは、ちょっと見逃すわけにはいかない重要な指摘だと思います。仏教において、「見返りを求めない」ということが大事だとされるのは、実にこのためです。見返りを求めるところに布施行は成立しない――、そのことを、たとえば『維摩経』第四章の菩薩品は、「布施はこれ道場なり。報を望まざるがゆえに」と、端的に述べています（大正蔵一四・五四二・c）。

ところで、私たちが住む日本は四季の変化に富んでいますので、自ずから季節の移り変りに敏感です。四季それぞれの慣用句ではじまる手紙、季語・定型の俳句など、私たちの生活は、季節の移り行きとともにあるといっても過言ではありません。しかし、そうした時節の移ろいにつれて、当然、私たち自身の命の持ち時間も短くなっているわけです。が、そのことは意外に顧みません。だからこそ、相も変わらずノホホンと漫然とした生活をつづけるのですが、もとより、そうであってはならない——。すでに、『愚迷発心集』冒頭（前編3 釈尊の教えと自己）に、「早く万事を抛ちて、まさに一心に励むべし。実にこのたびにあらずば、始めて企てんこと、いずれの時ぞや」と述べられていたことを想起しておきたいと思います。そこで、場合によっては、秋になって涼しくなったら「日別の所作」でも始めようかと、好季の到来を機に、殊勝なことを思わないでもない——。日別の所作とは、たとえば、六斎日がそうです。これは、毎月八・十四・十五・二十三・二十九・三十の六箇日に、持戒し清浄な生活を試みることです。

そうした殊勝なことを思ってはみるものの、しかし、よくよく思いをめぐらすと、「そんなこと、オレにはやっぱりできないな」と、やる前から退屈してしまって計画もしないというのです。すでに述べたように、この「退屈」は仏教語で、文字通り、「退き屈する」です。思い切って一日でもそうした生活を試みてみれば、別の考えも出てくるかもしれませんし、また、意外にやれるものかもしれないのです。「この故に、身の堪えたるところ、なおこれを勤めず、心の及ぶところ、多くはこれを怠ることあり」と綴られるゆえんです。貞慶の自己凝視が、もののの見事に、怠りがちな私たちの姿を如実に描き出してもいます。

「昼はまた塵事のために汚さる」の塵事は、前出の表現でいえば、暇なき「世事」・抛つべき「万事」です。重要なことなので繰り返すのですが、私たちは、善悪・優劣・美醜・上下・左右・強弱そして愛憎など、比較相対の世界にいます。これらは皆セットになっていて、確かなものは何もありません。しかし、そうした不確かなものに振り回されながら、私たちは生活しています。加えて、自分の都合こそ問題です。正直なところ、私たちは、好都合なものに擦り寄っていき、いつまでもその中で過したいですし、一方、不都合なものは、これを毛嫌いして自分の視野の外に排除していこうとします。

これを要するに、愛と憎しみの交差する世界ですが、自分の都合を押し立ててみても、他者の都合もありますから、必ずしも満足が得られるわけでもなく、争って満足を手に入れるか、あるいは、不満足をかこつか、または、屈折した心理に苛《さいな》まれるか、いずれにせよ、心が穏やかではあり得ません。さらに、私たちの生活の場は、評価の世界でもあります。誰しもよりよく評価してもらいたいのですが、過小評価や酷評、あるいは、評価にも値しないと無視される場合もある――。そうなれば、不平不満を鳴らしたくなりますし、他人を妬むことにもなっていきます。まさに「塵事のために汚さる」わが日常です。

本節の締めくくりの文言は、

――自行あえて勤めず、いわんや他人を益するに及ばんや。わが心なお憑み難し、いわんや冥の知見においてをや。

です。すでにみたように、大乗仏教は自利・利他平等の菩薩行が特徴です。上求菩提の自利行と下化衆生の利他行の「二利行願」が大乗菩薩の道で、貞慶自身の歩むべき道でもあります。

ところが、「自行あえて勤めず、いわんや他人を益するに及ばんや」だというのです。自行はすでにみてきたとおりですが、利他の行為も、みるかげもない――。次節の冒頭に、その一例として物乞いや飢えた動物への無慈悲な対応ぶりが綴られています。食べ物を乞う人というのは、考えてみれば、利他行実践の機会を私たちに与えてくれている人です。そして、それは「布施」という自行実践の場でもあります。そうであれば、さらりと一飯を差し上げ、その自利利他の実践をそっと感謝しなければならないはずです。それを、世事の判断で処してしまい、「きたならしい、あっちへ行け」と邪険に蹴散らかしてしまう。そういう自分とはいったい、何なのか――。貞慶は厳しく自問しています。

そして、その自問から導き出されたのが、「わが心なお憑み難し、いわんや冥の知見においてをや」という、これまた厳しい文言です。これは、私たちがふつうに感ずる「頼りない自分」ではなく、いわば存在の根底から湧き上がってくる、とでもいうべきものでしょうか。一方、「冥の知見」は「冥の照覧」と同じ意味で、神仏の視線が、わが生活、とりわけ心の中を見透かしておられるという実感に乏しい――。言い換えれば、神仏の視線というものを強く意識するということもまた、自己に問うてみて、はなはだ希薄だというのです。いずれも壮絶な自己凝視ですが、その言葉の端々からはむしろ、神仏との濃密な関係をきわめたいという篤い思いが伝わってきます。

8　空しく日を過す

――物乞いには、一飯を提供させていただくことなく邪険にあつかって、その人にこの世を厭わしめるし、飢えた動物の扱いはもっとひどく、慈悲の一かけらもありません。まったくもって、自らを顧みて恥じることなく、うぬぼれ・慢心ばかり。果ては、欲望のままにふるまって、悪行は止まるところを知りません。わが肉体は生死のまっただ中にあるわけですが、その生死の源を明らかにしておりませんし、また、わが心は執着によって生起するものとは承知していますが、その執着の大本を弁えてはいません。

このように、いわゆる無明《むみょう》の毒に酔った状況がずっとつづいていますが、仏の教えという薬を服用して得られる醒悟というものに気づいていないのです。わが日常生活の場は、愛と憎しみの交差する世界です。それを果てしなく広がる海に喩えれば、私はその波に翻弄されるばかりで、その海を乗り越えるべき船を見出だしてはおりません。そして、受け難き人の身を授けていただいた父母の後生を思って供養したり、あるいは、自分に親しい者たちの苦しみや困難を思って情けを深くすることもありません。わが状況に目を凝らせば、こんな状況です。

彼の乞匃《こつがい》非人の門に望むには、賜わずして悪厭《おえん》せしめ、烏雀《うじゃく》犬鼠《けんそ》の食を求めるにも、情を廃《す》てて慈悲もなし。頑蔽《がんぺい》無慚にして憍慢起り易く、放逸熾燃《しねん》にして悪行止め難し。身は生死に処すといえども、未だ生死の源を知らず。心は妄執より起るといえども、また妄執の基《もとい》を弁えることなし。無明の毒酔は連々たれども、また薬を隔てて醒悟を知らず。愛恚《い》の妄海は眇々《びょうびょう》たれども、また浪に漂うて船筏《せんばつ》を見ず。もっぱら訪《とむら》うべきの父母《ぶも》の生所をも尋ぬることなく、さらに憐れむべきの親昵《しんじつ》の受苦をも知らず。

自利利他の二利行願にとぼしい自己の現状に目を凝らしてみれば、「頑蔽無慚にして憍慢起り易く、放逸熾燃にして悪行止め難」く、そして、「無明の毒酔は連々たれども、また薬を隔てて醒悟を知らず」なのだとあります。無慚（自らを顧みて恥じない）・憍（うぬぼれ）・慢（自己をたのみ、他をあなどる）・放逸（欲望のままにふるまう）はみな煩悩や随煩悩の心所リストに列挙されるものです。なお、これらの心所の前に付されている「頑蔽」とは、かたくなでよくないこと、そうしたものに蔽《おお》われているさまを表す語です。自心を顧みることがいささかもない、ただただ自分の思いのまま、その時々の自己の都合のままに日常を過している実態を形容したものです。

仏教では、そうした状況を「無明」という言葉で示します。私たちは、いわば闇の中にいるのですが、その闇ということがわかりません（闇が破られてはじめて、それまで闇の中にいたことがわかる）。そういう無明の中で、私たちは右往左往しているというのが、仏教の人間観です。この無明そのものは、無明の中にいるかぎり正確に理解することができないといわれていますが、それはたとえば、無明を眠りに置き換えてみれば、やや納得がいきます。つまり、眠っている時、私たちは、自分が眠っていることはわかりません。目覚めてはじめて、自分が今まで眠っていたことがわかる――。無明もそのようなものだというわけです。

この無明をまた「惑」ともいい、私たちは、その惑にもとづいてさまざまな「業（行為）」を積み重ね、その結果、「苦」になずむ――。この一連のしだいが、いわゆる「惑業苦の三道」です。貞慶は、この惑業苦の三道世界を「無明の毒酔」や「愛恚の妄海」と表現し、自分はその中で翻弄されるばかりで、未だ真に仏の教えに出会い得ていないのだとみています。

なお、「もっぱら訪うべきの父母の生所をも尋ぬることなく、さらに憐れむべきの親昵の受苦をも知らず」には、「恩を棄て孝を忘れて、無道にして悲憐なきこと」という古注釈（『愚迷発心集直談』）があります。地獄・餓鬼・畜生・（修羅）・人・天の五道もしくは六道の輪廻を説く仏教では、人を「受け難き人身」とみます。したがって、その受け難き人の身を授けた両親の恩はいうまでもなく重要であり、その両親の行く末を思い供養の心を深めることは、仏教者にとって欠くことのできない行為です。

しかし、そのきわめて重要なことがらを、「世事に暇なくして」（前編5　発心の契機）忘却しているのだという。そして、忘却して一体どうしているのかといえば、ただひたすら自分自分――、自分の都合だけの世界が浮び上ってくるというのです。こうした訪うべき父母の生所ということについては、忉利天《とうり》に生じた母（摩耶夫人）への釈尊の九十日説法や、目連尊者の地獄に堕ちた母の救済のエピソードが有名で、貞慶もここで、自ずからこれらの故事を思い浮かべていたことでしょう。

なお、本節冒頭の「乞匃非人」や、もう少し後に出る「あらかじめ見聞を失えるの盲聾」という表現は、今日的にみて適切さを欠いています。こうした文言が時に用いられるのは、貞慶もまた、平安末から鎌倉初頭という時代的制約を受けていたと理解しておきたいと思います。

*

――そして、何が心配かというと、それはもう自分の行く末です。思い返してみれば、悪行ばかりですから、わが後生はどの道、地獄・餓鬼・畜生の悪趣にちがいありません。そこで受ける苦しみが今から心配なのです。それだったら、少しは冥の照覧を思い、仏の世界に即した生活を心掛ければよいものを、それどころかさらに、悪趣に直結するような行為を重ねるばかりです。昨今をふりかえってみるに、よくない行為のために困難や苦しみを味わってしまうこともしばしばなのに、その因果のことわりを十分に理解していません。まったくもって、道理に暗いのです。たとえば、愛別離や怨憎会《おんぞうえ》の苦しみにひと時辟易しても、しばらくすると、またぞろ自分の都合を押し立てて、ことさらに愛したり憎んだりです。

こうした生活は、いわば悪業にはひたすら忠実、善根にはどこまでも怠慢という他ありませんが、そんな生活を憂いとも痛みとも思わない私です。まことに、この生まれ変わり死に変わりする心定まらぬ世界こそが、わが常の栖《すみか》のようです。仏の教えは、そうした苦に泥《なず》む世界を離脱する方策や手立てを示すものですが、私は、それを本当に求めているのか、求めるようなふりをしているだけではないのか。そういいたくなるほど、仏の教えを弁《わきま》えない日常です。そうしている間も、仏や菩薩が、ちょうど影が形に離れないように、この私というものに寄り添い見守っておられるのですが、そうした自分を顧みて恥じることもない。聞けば、左右の肩にある倶生神《くしょうしん》が、わが行為の善悪を記帳し、死後それを閻魔王に差し出すといいます。

しかし、もとより、そんなことは一顧だにしません。ただただ取りとめもなく、緩慢な習慣性の中を昨日今日と過すばかりです。心静かにもの思えば、これほど悲しく、また、痛ましいこともありません。仏心参入を試みもせず、こうして無意味に時を費やしているのは、いずれその内にやるのだということで、今はやらないということなのか。もしそうであるならば、その内とは一体いつなのか。それとも、日常の緩慢さは、生来の性分なのかと思ってしまいます。

ともかく、この自己を覆う緩慢さは、そもそも何に由来するものなのか。もしそれが、愚癡《ぐち》（無明）のきわまったものならば、早速にも、その愚癡に導かれた生活を慎むべきです。しかし、そうではなく、単なる怠け心によるものならば、どうしてその怠け心を誡《いまし》めようとしないのか。夜分や未明のひと時、形のごとく瞑想してみても、わが来し方の罪とがのあまりの多さに心も定めがたく、むしろ、いよいよ立ち騒ぐばかりです。よくよく自心を咎めれば、泣き叫びたいことばかりですし、わが精神の混濁を責めては、涙は止まりません。

纔《わず》かにわが後生の苦を畏《おそ》るといえども、なお、あまつさえ三途の業をのみ造る。しばしば彼の悪果の種をば結ぶといえども、未だすべて因果の理を信ぜず、愛別離苦は、見已《おわ》って還って愛し、怨憎会苦は、覚り已っていよいよ怨む。悪業のためには奴僕《ぬぼく》となって、劫を経《ふ》といえども憂《うれ》えとせず。善根のためには懈怠をいたして、日を送るといえども痛みとせず。ああ、生死の険道は常の栖にして、出ずべき便りを求むることなく、貪愛の繋縛は堅く結びて、解くべきの計《はかりごと》を弁えず。あらかじめ見聞《けんもん》を失えるの盲聾に異ならず、あたかも覚知なきの木石に同じかるべし。然る間、仏菩薩の影の形に随うがごとくに照見を垂れたもうをも慚《は》じず、倶生神の左右の肩に在って、善悪を記するをも顧みず。朦々緩々《もうもうかんかん》として昨《きのう》も過ぎ今日も過ぎぬ。悲しいかな、痛ましいかな。徒に晩《くら》し徒に曙《あか》すこと。もし後日を期して勤めざるか、期する日はこれいずれの日ぞや。将《はた》、性に任せて緩慢なるか、緩慢はこれ何のためぞや。もし愚癡の至りと思わば、速やかに愚癡を慎むべし。もし懈怠の過《とが》に譲らば、何ぞ懈怠を誡めざらん。坐禅の夜の床の上には、罪暗に迷うて通ずることなく、観念の暁の窓には、妄風吹いて静かならず。つらつら心を誡むれば嗚呼《おこ》するに隙なく、しばしば朦を責むれば涙を拭うに暇あらず。

ビスマルクの名言に、「賢者は歴史に学び、愚者は経験に学ぶ」というのがありますが、この一段を読みますと、本当にそうかと疑問に思います。つまり、私たちは実は、経験にも学び得ないのではないか――。とくに、「愛別離苦は、見已って還って愛し、怨憎会苦は、覚り已っていよいよ怨む」という一文などは、実にすさまじい指摘です。私たちは、好都合なものを手元に引き寄せ、不都合なものを排除したいのですが、いつも、自分の都合が通るとはかぎりません。むしろ、うまくいかない場合の方が多いわけです。それで、イヤな思い・つらい思いをするのですが、しかし、それが一段落すると、またぞろ、自分の都合というものを押し立てるのです。イヤな思い・つらい思いが、一つの転回点にならないのです。

仏教とはいうまでもなく、そうした堂々巡りの生活からの離脱を目指すものです。それを求めているはずの自分なのだが、目を凝らしてみれば、むしろ、その堂々巡りを助長し、かつ、それを一向に憂いとも痛みとも思っていないというのです。そして、「悪業のためには奴僕となって、劫を経といえども憂えとせず。善根のためには懈怠をいたして、日を送るといえども痛みとせず。……朦々緩々として昨も過ぎ今日も過ぎぬ」と、自己の有体を露にしていますが、折にふれて、「仏菩薩の影の形に随うがごとくに照見を垂れたもうをも慚じず」と、「冥の照覧」を取り上げられるのは、やはり、注意を要します。それは、神仏の視線が「この私」に、端的には「この私の心中」にこそ注がれているのだという意識なしには、仏の世界が語れぬからです。

なお、冥の照覧とはやや意味合いが異なりますが、冥（目にはみえないもの）という点で、「倶生神」についても言及されています。倶生神は、『薬師瑠璃光如来本願功徳経』（玄奘訳、

大正蔵一四・四〇七・b）に、

——然るに、諸の有情に倶生神あり。その所作の、もしくは罪もしくは福なるに随って、皆つぶさにこれを書き、（それを）尽く持して琰魔法王に授与す。その時、彼の王、その人を推問し、所作を算計し、その罪福に随ってこれを処断す。

と述べられ〔括弧内、筆者〕、また、吉蔵の『無量寿経義疏』に、同生神（女神、人の右肩にある）・同名神（男神、人の左肩にある）と注釈されるものです。これらによれば、倶生神は、私たちの一々の行為の善悪を漏れ落ちなくノートする冥衆です。そして、私たちの死後、そのノートは閻魔王に提出され、法王はそれをきびしくチェックして、私たちの次世を決定します。仏菩薩の視線ともども、こういう倶生神という怖い存在も忘れてはいけないというわけですが、目を凝らして自己の日常を顧みれば、仏菩薩も倶生神も、どこ吹く風だというのです。

こうした倶生神にどんな根拠があるのか、筆者にはわかりませんが、鎌倉時代初期に成立した『覚源抄』（真言宗全書三六）の巻中にある「倶生神とは第八識なり」の注釈には、自ずから興味をおぼえます。この第八識とはいうまでもなく、唯識仏教が説く第八阿頼耶識のことでしょう。何もかもお見通しの仏菩薩の視線も、あるいは時として盲ることもあるかもしれない。ましてや、人の目は、ある意味で実にごまかし易いものです。しかし、私たちは自分自身をごまかすことはできません。人知れず手を抜いたり隠し立てすることができても、自分をいつわることはできないわけです。手を抜くという行為、あるいは、隠し立てするという行為（現《げん》行《ぎょう》）の情報（種子《しゅうじ》）が、わが深層の第八阿頼耶識に即刻送りこまれる――。

それを「現行熏種子」ということはすでにみた通りですが、こうした心のメカニズムからいえば、自己の行為の一切合切をつぶさに記帳する倶生神とは、まさにわが阿頼耶識に他なりません。その点で、唯識の立場からは、倶生神とは阿頼耶識を神格化したものといえるのではないかと思います。こうしたわが心のメカニズムに思いをいたせば、あだやおろそかに日常を送れないのですが、この私というものは、なお、そうしたことを本当の意味で顧みることなく、まことに緩慢な生活に明け暮れているというのです。

9　急ぐべきこと

――このような私ですから、「心《しん》外《げ》に法有りといわば生死に輪廻し、一心のみなりと覚知すれば生死永く棄つ」というわが慈恩大師のお言葉が、本当に身に沁みます。まさに信ぜずんばあるべからず、です。そうであれば、明るいともしびがつくり出す物の影も、ただそれだけのものではなく、わが心の迷いというか心の暗部をこそ示しているとみるべきですし、ものさびしく吹く風の音も、ただうら悲しいと聴くのではなく、観心を深めていくよりどころと考えるべきものです。緩慢な日常は、本当にもうこれくらいで沢山です。

まさにいま、大急ぎで計画すべきは、こんな日常からの離脱であり、わが日常を覆う虚《こ》妄実有《もうじつう》の謬見の完全忘却です。それには、当然のことながら、すべての認識対象がまさに夢のごときものと心得ることが肝要で、それによって、ともすれば目の前に展開する物や事象に執着してしまう迷える自己を調整すべきです。そして、そのようにしながら、ついには本師釈尊の境地を窺う、それが私のテーマであるはずです。

そこで、心を静めてわが行く末を遠く想像してみるのですが、未来に果てしなくつづく長大な時間の中、私は一体いついかなるところにおいて、覚の智慧と大いなる心のやすらぎを明らかにしようとしているのか、はなはだ心許ないことです。しかし、よくよく考えてみれば、仏菩薩はすでに慈愛のまなざしで見守って、無明の闇に迷える枯渇した心を潤し、さらに智慧の光で照らしておられます。ところが悲しいことに、それがわからないのです。

ここを以て、「心外に法有りといわば生死に輪廻す」、歎《なげ》くべし悲しむべし。「一心のみなりと覚知すれば生死永く棄つ」、信ぜずんばあるべからず。所以《ゆえ》に、耿々《こうこう》たる燈の影なお迷いを顕す便りなるべし。蕭々《しょうしょう》たる風の声まさに心を観ずる基《もとい》たるべし。急ぎても早く急ぐべきは出離解脱の計、忘れてもなお忘るべきは虚妄実有の謬《あやま》りなり。すべからく境界に向うごとに、実にこれ夢のごとしと想わば、自ら迷いを除くべし、終には悟りを開くべし。所以に、心を静かにして遙かに当来を想像《おも》いやれば、未来無数劫の間、我、まさにいずれの国いずれの処いずれの日いずれの時にか、まさに無上正等正覚を証すべき。しかるに、一如《いちにょ》の水、流れを灑《そそ》いで恣《ほしいまま》に枯槁の衆生を潤し、二空の月、光を顕し普く長夜の迷情を照さん。

緩慢な日常とは要するに、仏心参入を唱えながらも、何かに口実を見つけては真の仏道を後回ししようとするその生活実態を指していますが、その朦々緩々のさまをえぐり出す作業がずっとつづけられてきました。しかし、ここにきて、貞慶はこれまでの自己凝視の内容を「ここを以て」と受け、法相宗祖慈恩大師（六三二〜六八二）の有名な一文を引用しています。唯識という自分の立場をここで改めて確認し、その上でさらなる自己凝視に立ち向おう――、本節の書き出しには、何かそうした気分が感じられます。

その慈恩大師の一文とは、『成唯識論述記』に出る「心外に法有りといわば生死に輪廻し、一心のみなりと覚知すれば生死永く棄つ」（大正蔵四三・二四三・c）です。貞慶は便宜これを前後の二句に分けて、それぞれの事実あるいは真理にどう向き合うべきかを端的に示しています。

このなか、「心外に法が有る」というのは、私たちがふつうにものごとを認識する場合です。そのとき、認識の対象は自分を離れて客観的に存在し、それが目の前に展開しています。そして、それを「私が見る」。このように認識しながら何ら不思議にも思わず、私たちは日常生活を営んでいるわけです。しかし、ちょっと立ち止まって考えてみれば、そういう認識の対象が、まったく独立してあるのではないことがわかります。たとえば、同じものでも、それを認識する側の状況が相異すれば、認識の内容も当然違ってくる――。そうすると、自分を離れて、それそのものとして存在している認識の対象なぞないということになります。

唯識仏教はこれについて「三能変」といって、認識の対象は三層の心のフィルターによって変形しているのだと示教しています。つまり、初能変（第八阿頼耶識）の「無意識に沈潜した過去の経験の諸相」、第二能変（第七末那識）の「無意識の自己中心性」、そして、第三能変（第六意識・前五識）の「感覚の個体的条件の違いや好悪の感情、あるいは、意識の中の明白な自己中心性（自分の都合）、そして、問題意識の程度など」です。こうした心的なさまざまな要因によってこそ認識が成り立っており、そこを深く覚知しないと、無闇に自己の当面の都合を押し立てて、愛と憎しみの世界に埋没しかねない。――否、すでにそこに常没しているのが私たちの実態だというのが、「心外に法有りといわば生死に輪廻する」という前句の意味です。そして、後段の「一心のみなりと覚知すれば生死永く棄つ」の意味もまた、これによって自ずから理解されます。すなわち、すべては私たちの心がつくり出すもの、識の転変によるものであり、そうした識転変のさまを深く注目していくならば、わが生活も自ずから惑業苦の三道を回避したものたり得るであろう――。貞慶はこうした唯識の考え方を自己の立場として改めて標榜《ひょうぼう》し、「信ぜずんばあるべからず」と強く結んでいます。そして、その上で、さらなる自己凝視に立ち向かわれています。

そうであれば、「耿々たる燈の影」や「蕭々たる風の声」も、ただそれだけのものであるはずもなく、「なお迷いを顕す便り」とみるべきであり、「まさに心を観ずる基」とすべきものであろう。そのように、仏心参入の契機は、身近にいくらもある――。前出の「視聴の触るるところ、しかしながら発心の便りといえども、世事に暇なくして、すべて思い寄すること能わず」(前編5　発心の契機)の一文が、自ずから想起されます。その暇なき世事に心が定まらず、目の前に展開する事象も、仏教生活を試みるよすがたり得ない。「はなはだ残念だ」、「こういうことはもう沢山だ」という貞慶の悲痛な思いは、後続の「急いでも早く急ぐべきは出離解脱の計、忘れてもなお忘るべきは虚妄実有の謬りなり」の文章に結実されているようです。もうこんな緩慢な生活に泥んでいるわけにはいかない、もう実有の謬見からくる執着にかかわり合っているわけにはいかない――。そういう思いが、この文章の異様な息遣いの中によく表れているように感じられます。

「虚妄実有の謬り」の「実有」とは、もとより「空」の反対概念です。この世のものはすべて、時々刻々と絶え間なく変化しており、不変で実体的なものは何もありません。しかし、そういうものを、私たちはどうしても固定的に見てしまうのです。それはあり得ないことですので、「虚妄」の語をつけてより明確にしているのが、「虚妄実有の謬り」です。私たちはそうした見方の中で、自分にとって都合のいいものはこれを執着しますし、不都合なものはもちろん、これを毛嫌いして視野の外に置こうとします。つまり、こうした「虚妄実有」の謬見は、要するに、愛と憎しみの世界をひき起す大本なのです。もとよりそれは、私たちでもわかっているわけです。しかし、「愛別離苦は、見已って還って愛し、怨憎会苦は、覚り已っていよいよ怨む」(前編8　空しく日を過す)というのが、私たちの実態でもあるのです。

しかし、そこを何とか突破したい！　貞慶におけるその思いの丈・思いの深さは、次の文章にみごとに表されています。――「すべからく境界に向うごとに、実にこれ夢のごとしと想わば、自ら迷いを除くべし、終には悟りを開くべし」。これは、貞慶自身の仏の世界への憧憬と、これまでの自己凝視の上に自ずから湧き上がってきた決意の表明なのだと思います。

＊

――そして、なお悲しいのは、すでにこの上ない仏種を備えているにもかかわらず、それを少しも弁えないで、輪廻転生の世界に常没していることです。悲しむべきことは、まだ他にもあります。たとえば、かの雪山童子《せっせん》が命に代えても得ようとしたあの尊い雪山偈の後半二句を読んでも、それほどありがたいとも思いませんし、また、かつて世の大王が出家し、阿私仙《あしせん》に千年という長い間仕えて、やっと授かったという法華経を手に取っても、それほど心が勇み立たないのです。思えば、今こうして人の身を受け、かつ、仏法に出会っているということは、実に幸いなことであり、身にあまることです。

それなのに、日々を空しく過すばかりか、なお悪の上に悪を重ねるという有様で、かえって仏の世界への道を見失っているようです。そうした状況にあって、何が悲しいかといって、我《が》と法《ほう》、すなわち、自己とその自己をとりまく日常世界への執着が、あまりにもかたくななことです。それらは一つとして不変で実体的なものはなく、すべては時々刻々と変化してやまないものです。そうした空ということわりを前にして思うことは、わが日常の実態があまりにも隔たっていることです。実に憂うべきことです。
　このように、私は生死の世界に流転する凡夫ですが、しかし聖者《しょうじゃ》と凡夫、あるいは浄土と穢土というのは、いわれるほど遠く隔たったもの、何かまったく別々のものなのでしょうか。私は、そうではないと思うのです。つまり、我と法（自分とそれをとりまく日常のさまざまなことがら）について、それらはすべて空という性質によって貫かれていると見定める人が聖者で、一方、その我と法をどこまでも不変実体的に考えて、そこに自分の欲望をめぐらす人が凡夫だということです。あるいは、そうした凡夫の欲望がうごめく世界が穢土で、他方、すべては不変実体ではないから、まさに夢まぼろしのごとき世界だという認識に立てば、そこがすなわち浄土だということではないかと思います。

　悲しいかな、無上の仏種を備えながら、自と云い他と云い、無始無終の凡夫として、未だすべて出離の期《ご》を知らず。身命《しんみょう》を雪山に投ぜしの半偈も、眼《まなこ》に当って空しきがごとし。給仕を仙洞に致せしの一乗も、掌に抱きて勇むことなし。曠劫《こうごう》の幸い、身に余ることを弁えず。長夜の迷いに道を失えることを知らず。悪の上に尚し悪を重ねて、徒《いたずら》に春秋を数年に送り、夢より夢に入りて空しく日月を三旬に過せり。悲しみても悲しむべきは、我法の妄執堅く結べること。憂えても憂うべきは、生法の空理遥かに隔たること。これによって流転常没《るてんじょうもつ》の凡夫たり。これに迷うて出離得脱の路を失えり。聖者と云い凡夫と云い、遠く外に尋ぬべからず。浄土と云い穢土《えど》と云い、遙かに境《さかい》を隔つべからず。我法を空ずるを覚者と称し、我法に着するを愚夫と名づく。所執の境《きょう》を穢土と称し、如幻《にょげん》の境《きょう》を浄土と名づく。

「自と云い他と云い」とは、前段末尾の「一如の水、流れを灑いで恣に枯槁の衆生を潤し、二空の月、光を顕し普く長夜の迷情を照さん」(傍点、筆者)を受けた物言いです。元来、『愚迷発心集』は貞慶のきわめて個人的な自己凝視の書といえるものですが、すでに問題として取り上げられた「二利の行願」(前編6　来し方行く末)、つまり自利利他平等の大乗菩薩道を歩むということでは、自ずから他者への配慮もあるわけです。それはのちに、「仏陀神明の大悲は、ひとえに群生《ぐんじょう》を度《ど》さんと誓いたもうなり。妄想顚倒の我等、すでに一子の数に入れり」(後編8　進んで道心を請う)と綴られ、また、「同心の芳友」との相議や「有縁無縁」への利益(後編9　おわりに)にまで言及されています。

その「自と云い他と云い」、すでに神仏の視線に見守られたものなのですが、それが実感できていない——。そのもどかしさと悲しさが述べられていますが、さらにここで、仏種についての無理解も取り上げられています。仏種とはいわゆる仏性《ぶっしょう》のことで、いうまでもなく「一切衆生悉有仏性」(『涅槃経』)の語句を念頭に置いたものです。これは、私たちは誰もが仏陀と通底している、あるいは、仏になる可能性を秘めた存在だという意味で、ほぼ大乗仏教に共通する思想です。もとより、『法華経』もこうした考え方に立つ経典で、たとえば、その第八章の五百弟子授記品に説かれる「衣裏《えり》宝珠の喩え」などは、その代表的なものです(岩波文庫・中巻・一一四頁)。

すなわち、仏性とか仏種というものは、いわば衣裏にそっと縫いつけられた宝珠のようなものだというのです。しかも、その衣裏宝珠は、誰にも備わっている――。それが「一切衆生悉有仏性」ですが、「自と云い他と云い」それに気づかず、相変わらず「無始無終の凡夫」だというのです。もちろん「自と云い他と云い」ながらも、貞慶自身に事を限定すれば、他の人はともかく、この自分に仏種ありと大きく確信できない――、その悲しさ、もどかしさです。

すでに述べたように、こうした仏性観は大乗仏教にほぼ通有のもので、いわば理想主義的な主張です。こうした理想をさらに進めて完全追求したのが「一切衆生悉皆成仏」ですが、この点、貞慶が立場とする唯識は大乗でありながらも、こうした考え方とは大きくかけはなれたきわめて現実的な考え方を主張しています。「五性各別」といわれる説がそれです。これは、一切衆生を「無漏《むろ》種子(惑業によらない清浄な種子)」の有無などによって、

①声聞定性《しょうもんじょうしょう》
②独覚定性
③菩薩定性
④不定種性《ふじょうしゅしょう》
⑤無性有情《むしょううじょう》

の五つに部類分けするものです。ここでは、これら五性各別の一々についてくわしく述べませんが、いまの話題についていえば、③菩薩定性と、④不定種性の一部が仏陀に成っていくもので、⑤無性有情には仏性がなく、仏の境地に到達することができない一類です。つまり、悉有仏性とか悉皆成仏と説かれる一切衆生の現実をよくよく観察すれば、その主張はあまりに理想主義的で、懐疑的にならざるを得ず首肯できないという立場です。まして、貞慶の真摯できびしい自己凝視によって次々に明らかにされてくるのは、仏の世界とあまりにも隔絶した実態です。あるいは、憧憬するという仏の世界を前にして、なぜか直線的に一気につき進もうとせず、何かの口実を見つけては、真の仏心参入を回避する姿があぶり出されています。

そうした現実を目の当たりにして思われることは、一切衆生悉有仏性とか悉皆成仏というけれども、「自と云い他と云い」、否、他はともかく、少なくともこの自分は、それに該当しないのではないか——。そういう悲しい自己評価ないし自覚が、五性各別の中の「無性有情」ではないかと、私は考えています。ちなみに、仏教のこうした部類分けは、他の人々を非情・冷酷に仕分けるスケールではなく、あくまでも、「この自分」はどうなのかということを見定めるものであるはずだと思うからです。

それはともかく、この自分こそ五性各別説の無性有情ではないかという思いは、その後、どのように展開していくでしょうか。やっぱり、自分にとって仏の世界は無縁だと自暴自棄になってしまうのか、あるいは、苦の世界に常没する無性有情だからこそ、仏の救済を真に求めてやまないのか——。大きく分けて、こういう二つの展開の仕方が想定されますが、宗教論理というか、貞慶の場合も、もとより後者です。そして、そのように全身で仏の救済を希求するほどのものが、どうして無仏性であり得ようか、否、自分もまた悉有仏性といわれる一切衆生の一員なのだ――、そういう自覚を確立されたのではないかと思います。

本書第一部でも述べておきましたが、そのことは、「愚なるを以て還って知んぬ、大乗の性あること」（『法相心要鈔』）の一文によって知ることができます。そして、この自覚によってこそ、仏の世界もまた大きく発心されていくのだという道筋を明らかにされたのだと思います。ただし、いまの段階では未だ、「無上の仏種を備えながら」も、そうした大いなる自覚には至っておらず、「一切衆生悉有仏性」と教えられても、その文言にずしりと重いものを感じないというのです。

そしてまた、「身命を雪山に投ぜしの半偈」も「給仕を仙洞に致せしの一乗」も、同様だとあります。これらはどちらも、貞慶が本師と仰ぐ釈尊の前生譚で、このなか、雪山半偈とは、『涅槃経』に出る雪山大士半偈殺身のエピソードのことです（大正蔵一二・六九一・b）。雪山偈とは、

諸行無常　諸行（つくられたもの・この世のものすべて）は、無常なものである。
是生滅法　それは、生じては滅する性質のものだからである。
生滅滅已　そうした生滅というものが滅しおわって（その時におとずれる）、
寂滅為楽　寂滅こそが本当の「楽」なのである。

という四句一偈です。これは、かつて雪山童子として修行しておられた釈尊が、羅刹が前の二句を唱えるのを聴いて感動し、是非とも、その後の句を聴きたいと所望しました。すると、羅刹は今とても飢えていて、唱えることができないという。そこで、童子は羅刹のためにその身を捨てて、ついに後の二句を得たという有名なエピソードです。つまり、そのように身命を賭した求法《ぐほう》によって得られた教えであっても、いま一つ心に歓喜が生じないというのです。

また、「給仕を仙洞に致せしの一乗」とは、釈尊がかつて世の大王であった時のこと。世の無常を感じて王位を捨て、仏法を求めてすぐれた宗教家を遍歴する途次、阿私仙という仙人に出会いました。阿私仙は、「私はすばらしい教えを知っておる。私の身の回りの世話をしてくれるならば、その教えを授けようではないか」という。そこで給仕千年、ついに法華経を授かった――(『法華経』第十二章の提婆達多品に出る大王給侍阿私仙の故事、岩波文庫・中巻・二〇六頁)。いま何気なく手にとっている法華経も、わが本師釈尊がかつて阿私仙への無私・長時の給仕によって明らかにされたのだと思えば、感動も一入《ひとしお》であるはずなのに、なぜか心が勇み立たぬと告白されています。

このように、「給仕を仙洞に致せしの一乗」の一乗とは、要するに『法華経』のことです。その法華経は先に述べたように、「一切衆生悉有仏性」ということを説いています。つまり、その仏性は衣裏宝珠のようなもので、なかなか気がつかないけれども、実は誰にでも備わっているものなのだと指摘しています。そうした指摘に出会えば、誰だって思わず「この自分にもまた仏性があるんだ」と励まされ、そして、心は自ずから奮い立って、仏の世界を一直線に求めるはずではないか。ところが、どうしたことか、思うほど心が勇み立たないのである。こうした自心の鈍重さは、いったい、何なのか——。この一段でただ一度だけ用いられる「悲しいかな」という言葉遣いには、なんとも名状しがたい狂おしい気分さえ感じられます。まだ、無性有情たる自己・無仏性の自己を見極めていない状況での、心の悶えでしょうか。

本節後半は、聖者と凡夫、あるいは、浄土と穢土について、それらが決して別々のものではなく、凡夫から聖者への転換の道筋が簡潔に整理して示されています。つまり、同じ世界にいながら、すべては実のごとく有るのだと考え、そしてその上で、自分に好都合なものはこれを貪り、不都合なものはこれを毛嫌いし排除していけば、その世界は穢土であり、その住人はもとより凡夫です。他方、すべては夢・幻のごときものだと見定め、そこに自己の都合をむやみに言い立てず、少欲知足を行ずるならば、その世界こそ浄土なのだという理解です。

きびしい自己凝視を重ね、自分の現況をえぐり出してみれば、そこには、何ともいいようのない悲しみと憂い、あるいは、やるせなさともどかしさが、やはり心を満たしてしまいます。そこに、この「聖者と云い凡夫と云い、遠く外に尋ぬべからず。浄土と云い穢土と云い、遙かに境を隔つべからず。我法を空ずるを覚者と称し、我法に着するを愚夫と名づく。所執の境を穢土と称し、如幻の境を浄土と名づく」の名文が置かれています。それはいってみれば、力強くぐいと挿入した感があります。

それは、「浄土と穢土」とこそいえ、世界は一つなのだということを改めて確認し、穢土を浄土に転換していく道筋をここで明確に示すことによって、受け難き人身を受け、出会い難き仏法に出会いながら、なぜか仏の世界を躊躇する自心を奮い立たせようとしているのではないか——。この一節は、名文には違いありませんが、単に名文というより、何かそうした有無をいわせぬ力が感じられます。さきの慈恩大師の一文といい、この浄土と穢土・聖者と凡夫の簡潔な整理といい、いままでの自己凝視を締めくくるにふさわしいものだと思います。これをもって前後二編に分けたのもそのためですが、貞慶の自心への凝視は、この後も「然れども」「然れども」「しかのみならず」と、さらなる展開をみせています。

〔後編〕

1　名利に惑う

――しかしながら、なにしろ前世まで仏心参入を試みもせず、ただただ怠惰な生活に泥んでいたためであろう今日ただいまのわが状況は、思うに、仏教の核心に少しも至り得ていないようです。まさに今生において仏の世界をめざすのでなければ、いったいいつ仏教の根幹に触れることができるというのでしょうか。いうまでもなく、理解のほどはともかくも、すでに仏の教えに出会ってはおります。ゆえに、ボンヤリした気持ちを引き締め、仏心参入の意志を高め、そして、自身を大いに励ましていくならば、僅かながらも得るところがあるはずです。

そのいわば一塵の得益をきっかけにして、ついに広くかつ深いといわれる仏道に邁進することが、どうして大事でないといえましょう。それこそ、この上もなく大切なことなのですが、身についた怠慢によって、それが困難であったり、あるいは、この身にひそむ慢心によって、心がそうしたことに向いていかないのです。これでは、せっかく説かれた釈尊の教えも、ほとんど意味がないといってよいくらいです。

それればかりか、仏の教えを学ぶ者たちが、他を誹謗中傷したり、自己にうぬぼれて他をあなどったり、あるいは、嫉妬したり馬鹿にしたりしています。仏教を学ぶという志はいいとしても、これでは一体、何のための学修なのか、ということになります。これでは、この上ない宝と尊ばれる仏の教えを無駄に費やして、かえって名誉欲と実利に潤いたい気持ちを募らせるだけです。まったくもって、甘露の妙薬を嘗《な》めて、いよいよ煩悩の病を増すばかりです。こんなことのために、仏法を学んでいるのではないはずです。

しかし、こんなことだから、出離解脱をこそ示す仏法を学んでも、相も変わらず生死《しょうじ》をくり返すばかりで、凡夫の日常のありようを照らす覚の智慧も一向にその姿を現しません。悲しいことですが、仏法は、まさに存亡の危機にひんしており、福徳を生み出すといわれる仏・法・僧の三宝は、右に見た悪業悪徳によってまさに枯渇寸前です。それを一刻も早く潤していくには、やはり仏の智慧という水を掬《く》む他はなく、それによってこそ、善業の苗も大きく育っていくはずです。

また、仏法を学ぶ者たちのそうした姿勢によってのみ、仏の教えが本当の意味で伝持されていくわけで、もし私たちの時代にその法灯が絶えてしまったならば、こののち何によって迷える者たちを照らし、その行く道を指し示せばよいのかということになります。

然れども、先生《せんしょう》に営まざるが故に、今はすでに一文の覚悟なきがごとし。今生に企てずんば、いずれの時にか暗《そら》に少分の慧解《えげ》を生ぜんや。いわんや仏法に遇わざるにもあらず、また盲聾に礙《さ》えられたるにもあらず。朦を責め志を運《めぐら》して随分に策励せば、何ぞ一塵の得《とく》益《やく》なからん。この功《く》を始めとして、遂に深広の仏道に進まんこと、豈《あに》至要にあらずや。然れども、あるいは身の堪えたるところにあらずと懈《おこた》り、あるいは心の好むところにあらずと慢す。億劫に一たび説きたまえる釈尊の教法も、ほとんどその詮なきがごとし。あまつさえ仏法を学するの輩《ともがら》は、あるいは憍慢し、あるいは嫉妬し、あるいは嘲哢《ちょうろう》し、あるいは誹謗す。たといまた学文《がくもん》の志あれども、無上の法宝を費して還って名利の価《あたい》を募り、甘露の妙薬を嘗めていよいよ煩悩の病を増す。出離の指南は徒《いたずら》に生死の海に沈み、菩提の明月は、空しく妄染の雲に隠れぬ。悲しいかな、仏法まさに喉《のんど》に迫ること。福田まさに渇きなんとするに、智水未だ掬まずば、何によってか善苗《ぜんみょう》を殖《う》えん。法燈永く断えなば、何を以てか迷情を照さん。

『愚迷発心集』後編は、「然れども」で始まり、しばらくして再び「然れども」と語られ、そして、さらに「しかのみならず」と展開しています。いままでに露《あらわ》になった実態ないし現状は、貞慶をまちがいなく悲嘆の淵に導き、もう充分に切なくもやるせない気持ちにさせたことでしょう。えぐればえぐるほど、汚れた自分・いたらぬ自分が露になる――。自己に目を凝らすなぞ、もうこれくらいで止めよう、と、あるいは思われたかもしれません。私たちなら、そんなところでしょう。

そうした自己凝視のさなか改めて出会われたのが、慈恩大師の「心外に法ありといわば生死に輪廻し、一心のみなりと覚知すれば生死永く棄つ」でした。貞慶はそれを前後二句にわけ、前句には「歎くべし悲しむべし」、後句には「信ぜずんばあるべからず」とのコメントを付して、自己の進むべき道筋を改めて明確にされたのでした。

そして、さらに本段の直前には、「聖者と云い凡夫と云い、遠く外に尋ぬべからず。浄土と云い穢土と云い、遙かに境を隔つべからず。我法を空ずるを覚者と称し、我法に着するを愚夫と名づく。所執の境を穢土と称し、如幻の境を浄土と名づく」と綴りました。つまり、「急ぎても早く急ぐべきは出離解脱の計なり」（前編9　急ぐべきこと）といわれる出離とは、何か遠くのものを模索することではなく、他でもないこの身心における穢土から浄土への転換なのだと、いよいよ唯識の立場を闡明《せんめい》にされたわけです。

それにつづく「然れども」です。そう言い放つ自分には、しかし、まだまだ有耶無耶なところがある——。そこに目を凝らさずに終れば、まさに旧《もと》の木阿弥ではないか。貞慶においては、自己凝視はまだ底を打っていない。そういう感触なのでしょう。私見によれば、『愚迷発心集』は本段から後半に入るのですが、その後半の冒頭を導く「然れども」「然れども」「しかのみならず」の用語法は、いみじくも解脱上人貞慶の自己凝視の深さあるいは本質というものを示しているのではないかと思います。

それはともかく、解脱上人はここでも、「仏法に遇わざるにもあらず」といって、すでに仏の教えに出会い得ている自分に注目しています。それはまさに「曠劫の幸い」（前編9　急ぐべきこと）であって、そうであれば、その仏道にのみ潜心すればよい。それが「至要」なことなのですが、そう思う自分をさらに深く凝視すれば、「然れども」といわざるを得ない。つまり、そこに浮び上がってくるのは、なお懈怠や慢心に支配される実態だというのです。

このなか、懈怠は、なまけることです。すでに「朦々緩々として昨も過ぎ今日も過ぎぬ」(前編8　空しく日を過す)という日常のさまを受けて、本段では、その「朦を責め志を運して随分に策励」するならば——と述べつつも、その直後に再び「あるいは身の堪えたるところにあらずと懈り、あるいは心の好むところにあらずと慢す」と綴られたことに、私は言葉を失います。しかし、懈怠は、自己を絶えず叱咤激励するしかありません。一方、慢心は、古くから問題視されてきた心のはたらきで、たとえば、『法句経(ダンマ・パダ)』にも、

芥子粒が錐の尖端から落ちたように、愛著と憎悪と高ぶりと隠し立てとが脱落した人、——かれをわれは〈バラモン〉と呼ぶ。

と述べられています(第四〇七偈、中村元訳。傍点、筆者)。慢心(高ぶり)は、自他を比較して、自分の優越を確保し、他をあなどる心作用ですが、この点、とりわけ「仏法を学する輩」を見渡してみると、「あるいは憍慢し、あるいは嫉妬し、あるいは嘲哢し、あるいは誹謗す」とあります。仏法を学する輩とは、この場合、いわゆる学侶のことです。貞慶も当然このなかに入っていますが、そうした仏教を学修すべきものたちを見渡してみると、これがひどい——。そのさまをずばりいえば、「無上の法宝を費して還って名利の価を募り、甘露の妙薬を

嘗めていよいよ煩悩の病を増す」状況だというのです。それでは一体、何のための仏法学修なのか。——と、もとより自戒をこめて述べられています。
中世説話は、いわゆる碩僧が名利にかまけて魔道に堕ちた話をしばしば取り上げ、たとえば、『沙石集』（巻第一・七）には、「実ニ仏法ハ何レノ宗モ、生死ヲ解脱セン為也。名利ヲ思フベカラズ。然ニ南都北嶺ノ学侶ノ風儀、偏ニ名利ヲ先途ニ思テ、菩提ヲヨソニスル故ニ、或ハ魔道ニ落、或〔ハ〕悪趣ニ沈ムコソ、……」などとあります。名聞《みょうもん》と利養に惑わされて、無上の法宝を無駄に費やすばかりの仏法の学修が、常態化していたことがわかります。この点、『元亨釈書』巻五所収の貞慶伝に、つぎのような記述があります。

——……才誉ありて、最勝講の詔《みことのり》に応ず。〔貞〕慶、貧に居《ご》して資に乏しく、乗僕を人に借る。〔その〕故を以て会《え》に後《おく》る。……会衆、先に堂上に坐す。荘服は厳麗なり。慶は弊衣にて至り、官僚・緇伍、皆、匿笑す。慶謂く、正に今の釈子は法儀に率《したが》わず。只、浮誇を競う。我、この徒と等伍たるべからず。宮講五日、猶、その久しく如《しく》たることを患《うれ》う。講已《おわ》りて南京に還らず、山州笠置の窟に止む。……

これは、宮中の最勝講に粗末な衣をまとって出仕した貞慶が、居並ぶ官僚や出仕の僧たちに匿笑されたというエピソードです。つまり「嘲弄」されたわけです。しかし、クスクス笑われた貞慶が、これに対して、「今の僧侶はまったく仏法というものに遵っていない。ただ、華麗さや仰々しさを競っているだけだ。私は、こうした人たちと同じであってはならない」、と毅然たる態度を示したことは、いまの一段を読む上で想起すべきことがらだと思います。しかし、名利というのは、ちょうど煙がどこからともなく締め切った部屋に入ってくるように、忍び寄ってきます。ほんの少し自分がよくいわれること、あるいは、ささやかな実利に潤うことは、誰しも心地がよい。そのくらい、いいじゃないか――。というわけですが、それだけで事がおわるものなのかどうか、です。それだけで結着せず、その心地よさをいっそう濃密に求める――。それが名利の特質で、「名利の価を募る」と述べられるのはそのためです。一の名利が、一に留まらず、二、三、四……とその数値が募る（ますます激しくなる、ひどくなる）のです。貞慶が、自己における名利をそうとう神経質にウォッチしていることは重要です。

なお、慢という心作用にかんして、七慢や九慢という詳しい考察があります。たとえば、七慢はつぎのような内容です（『成唯識論述記』）。

①慢――劣っているものを前にして、自分は（それより）勝れていると思い、同等のものを前にして、自分は（それと）同等だと思う。

②過　慢――同等のものを前にして、自分は（それより）勝れていると思い、勝れているものを前にして、自分は（それと）同等だと思う。

③慢過慢――勝れているものを前にして、自分は（それより）勝れていると思う。

④卑　慢――その人は自分よりとても勝れているのに、自分はその人に少しだけ及ばない

だけだと思う。

⑤我　慢――自他の比較ではなく、おのずから高ぶった気持ちになる。

⑥増上慢――ほんの少し分っただけなのに、自分はすでにそのほとんどを会得していると言いあるく。

⑦邪　慢――まったく徳がないのに、有徳だと触れてまわる。

このなか、①から④は、一見してわかるように、自他の比較から起る慢心で、⑥と⑦は、会得や有徳についてのものです。実に綿密な考察ですが、それにしても、①の慢などは、いわば当たり前のことです。しかし、その当たり前の気持ちの中に、すでに私たちをミスリードするものが動きはじめている、そこが問題なのだということでしょう。いずれにしても、こうした自己をたのんで他をあなどる慢心を伏し、心の深みに眠らせておくことが、仏教を学修する者に求められているわけですが、それをむしろ掻き立てて名利にありつこうとする――その俗よりも俗の体《てい》たらく。名利なぞ一蹴し、あるいは、放下してこその仏道ではないか。「出離の指南は徒に生死の海に沈み、菩提の明月は空しく妄染の雲に隠れぬ」につづいて置かれた「悲しいかな」の一語は、尋常ではありません。

ありていにいえば、わが仏法は、「喉に迫」っているという状況認識です。「喉に迫る」とは、危急目前に迫る、危急存亡の意味です。そういう状況の中、どうすればいいのか――。貞慶は、今こそ「智水」を掬むべきだと主張しています。だからこそ、仏法を本当の意味で早く求めるべきだというのです。これは当然、前出の「急ぎても早く急ぐべきは出離解脱の計、忘れてもなお忘るべきは虚妄実有の謬りなり。すべからく境界に向うごとに、実にこれ夢のごとしと想わば、自ら迷いを除くべし、終には悟りを開くべし」に呼応しているでしょう。

なお、この段に出る「また盲聾に礙えられたるにもあらず」の一文は、今日的には問題の記述です。前にも述べたように、貞慶もまた、時代の制約を受けていたことを理解して、ここでは括弧に入れておきたいと思います。

2　憑み難き自己

――その上、仏教が示す因果の理を顧みないなどの誤った考え方にもとづいた行為というのは、いわば誤って描かれた幻想を前にして起るようなものです。それはそうだとわかっていても、自己とその自己をとりまくものとをどうしても実体的にみてしまう習慣は、なかなか改まりません。見るもの・聴くもの・手に触れるものは皆、いわば夢の中の認識対象だと教えられても、その夢が夢であるとわからないのです。また、あらゆるものはすべて、わが心がつくり出したものだと人に向って説いてはみますが、わが日常はまるで、そのつくり出した影に向って不都合ならば憤り、好都合ならば喜ぶようなものです。とりわけ、過去世このかた仏心参入の積み重ねがなく、発心にいたってはまったくありません。そこで、妄念は競い起るのです。

こうした日常からの離脱の要点とは、何なのでしょうか。何かと不都合なことが多い世間なぞに住んでいるからイライラがつのり、妄念もフツフツと湧いてくるのだと短絡的に考えて、たとえば、世間を捨てて山中に遁れてみる。ただ、そんな隠遁は名ばかりのもので、仏の教えを一行さえ守れないという体たらくです。それでいて、乱暴にも仏陀が憑《たの》みだというのです。しかし、自己と自己をとりまくものとについて、すべては空なるものと見きわめようともしません。

こんなことですから、たとえ経典を手にとっても、その教えの一つ一つをそのまま受け止めようとしない。――まあ、お経にはそう書いてありますがね。などといって、都合のいいように解釈するばかりです。犯してきた罪悪はあまりにも多く、底も知れぬほどです。これでは、せっかく仏が制せられた戒律も、その光を永らく失ったままでしょう。そして、本来、仏の世界から滔々と流れ出ているという教えも、どうやらこの私にはその流れが通じていないのではないかと思われてきます。正直いって、善いことは行ずるべきですが、何か気が進まず、悪いことは、言うが早いかたちまち実行です。そして、名誉や評価をひたすら求め、実利にも潤いたいと思う、そんな日常です。

しかし、そうしている間も、人に出会えば、いやこんなことではいけませんな、などと殊勝なことをいうのです。もとより、ちょっと言ってみたまでで、心の底からわが生活を仏心に即して改善しようと思ってのことではない。こんな状況が長くつづいていますから、たとえ今日明日がんばってみたところで、いつ旧の木阿弥になるかも知れず、実にたよりないことです。まして今後とも、従前通り、朦々緩々といたずらに空しく月日をおくるようであれば、いずれは閻魔王とその吏卒のきびしい問い詰めと呵責のない責め苦を受け、その時、私は独りさびしく涙を流して悲しむはずです。そこで後悔しても、何も始まらないと思います。

しかのみならず、倒見邪見の惑業《わくごう》は、幻夢の前に起るといえども、実我実法の盛睡は、未だ長夜の中に寤《さ》めず。境界はこれ夢の所縁なりと聞けども、同じく夢を夢と知らず。諸法は皆、心の変作《へんさ》なりと説けども、あたかも影に向って憤喜をなすがごとし。なかんずく、宿習《しゅくじゅう》は本より薄く、発心すべてなく、妄念は競い起る。出要とは何事ぞ。慭《なまじい》に世間を捨てて、僅かに深山の洞《ほら》に移るといえども、隠遁はただ名のみあって一行をも守ることなし。猥《みだりがわ》しく仏を憑むと称すといえども、聖に通ずべきの誠を致さず。たとい教文に向うことありとも、すべて法のごとくならんとするの心を欲《ねが》うことなし。性罪《しょうざい》の闇は深く、戒珠《かいしゅ》永く光を隠し、遮罪《しゃざい》の塵は積もり、法水流れを通ぜず。善は懶《ものう》く悪は好ましく、名を求め利を貪る。然る間、等閑《なおざり》の言《こと》の端《は》には、身の錯《あやま》りを悲しむといえども、真実の心の底には、その過を改むることなし。たとい随分の勤めありとも、なお以て憑み難し。いわんや、かくのごとくして空しく過ぎ、以後もまた同じかるべくは、我、閻魔の誡めに預り、冥官の責めを蒙らん時は、独り涙を流して悲しむべし。後悔すとも、何の益かあらん。

本段冒頭の一文もまた、「忘れてもなお忘るべきは虚妄実有の謬りなり。すべからく境界に向うごとに、実にこれ夢のごとしと想わば、自ら迷いを除くべし、終には悟りを開くべし」（前編9　急ぐべきこと）と深くかかわっています。「忘れてもなお忘るべきは虚妄実有の謬りなり」とはわかっているが、わが実態は、「実我実法の盛睡は、未だ長夜の中に寤めず」だとあります。自分も自分をとりまくものも、どうしても実体的にみてしまう。そのように実体視すれば、いきおい好都合なものは貪欲の対象となり、不都合なものは毛嫌いして排除の対象にならざるを得ません。わが日常は、そういう習慣の中に営まれているというのです。

そしてまた、「すべからく境界に向うごとに、実にこれ夢のごとしと想」うべきであり、「境界はこれ夢の所縁なりと聞」いてはいるが、その「夢を夢と知ら」ない日常だというのです。あるいは、人に「諸法は皆、心の変作」だと説いて聞かせるけれども、わが日常を有体に告白すれば、その心がつくり出したものに向って憤ったり喜んだりしている——。

諸法が心の変作だというのは、唯識仏教の立場を端的に示しています。いわゆる唯識転変（識転変）です。ふつう、認識の対象というのは客観的に存在していて、それを私が見、それについていろいろ感じたり、あれこれ思ったりするわけです。しかし、そうではないというのが唯識の立場です。私たちの認識作用はそんな単純なものではなく、すべては、認識する者の心がからんでいるという考えです。そこで唯識では、単に「心」とはいわず「能変の心」といい、一方、認識の対象をあらわす「境《きょう》」を「所変の境」といいます。そして、その能変も「三能変」といって、三層にわたって心がかかわっているのだと考えています。つまり、諸法

（認識の対象すべて）は、初能変（第八阿頼耶識）・第二能変（第七末那識）・第三能変（第六意識と前五識）によって変作されたものだということです。

深層心の阿頼耶識は、過去の経験の総体ともいえますから、認識にはまず経験がものをいいますし、また、同じく深層の末那識は、自分でも気づかない自己中心性をになっており、自覚できる心の領域でいくら「皆のために」と考えていても、知らず知らずのうちに、それをくつがえす要素をもちこんできます。その上、心の表面におけるそれについての問題意識の有無や濃淡、あるいは、自己の都合の問題、そして、感覚能力――。そうした能変作用によってつくり上げられたもの、それが私たちの認識対象だというわけです。唯識では、それを「影像《ようぞう》」と名づけていますが、まさに影なのです。

すでに「諸法は影焔に似たりと聞けども、妄情現じて迷い易し」（前編7　神仏の視線）とありましたが、その影に向って憤然としたり喜々としている――。その妄情の状況が、わが日常の実態だと貞慶は告白しています。そして、その後、「宿習は本より薄く、発心すべてなく、……」と、わが身を顧みています。過去における仏心参入の積み重ねも薄く、発心（ただ一途に仏の世界に向おうとする気持ち）もまた、いまもって発っていない。そこで、妄念が競い起り、わが心は千々に乱れる。もうたくさんだ。――では、どうしたらよいのか。出離の要点とは何なのか、と貞慶は自問しています。

ところで、私たちが生活する世間というのは、何かにつけて不都合なことが多い。そこで、ついイライラしますし、また、その不都合を何とか好都合なものにしようと躍起にもなり、心は否応なしに千々に乱れます。いっそのこと、人のいないところに行けば、心もさぞ平穏であろうと思うのも、あるいは、仕方のないことかもしれません。しかし、そんな短絡的な考えで山中に籠っても、仏の教えに即した生活ができるかどうか、あやしいものだ——。そんな隠遁はほとんど名ばかりのものではないのかと、貞慶は懐疑的です。そういう問題ではないというわけです。そうした考えの根拠は、『愚迷発心集』としてはやはりその前半を締めくくった、

——聖者と云い凡夫と云い、遠く外に尋ぬべからず。浄土と云い穢土と云い、遙かに境を隔つべからず。我法を空ずるを覚者と称し、我法に着するを愚夫と名づく。所執の境を穢土と称し、如幻の境を浄土と名づく。

の一文ではないかと思います。これは、理想的なものを遠く外に尋ねるのではなく、むしろ今日ただ今の生活の場に、そういう理想的なものが内在している、あるいは、日常にこそ見い出すべきだという考え方です。これは例えば、『維摩経』第四章の菩薩品に示される仏教の道場観にもみられるものです（大正蔵一四・五四二・c）。

光厳童子《こうごん》は、仏教の道場とは、都市の喧騒を離れたいかにも閑静な空間にこそあるべきだと考える修行者ですが、そうした考えの誤りを指摘しつつ示されるのが、維摩居士の三十二項目にわたる道場観です。いま、それを適宜引用すれば、次の通りです。

――我（光厳童子）問う、道場というは、何《いずれ》のところかこれなる。（維摩居士）答えて曰く、直心《じきしん》はこれ道場なり、虚仮《こけ》なきがゆえに。……布施はこれ道場なり、報を望まざるがゆえに。……捨はこれ道場なり、憎愛を断ずるがゆえに。……

つまり、日常生活の場において、直心を行じ、布施を行じ、捨を行じてこそ意味がある。むしろ、日常の空間においてこそ、愛と憎しみの両方を捨てるべきであり、布施を実践すべきだ。貞慶も、こうした仏教の道場観にもとづいて短絡的な隠遁の無意味なことを指摘しておられるのではないかと思います。

なお、「愁に世間を捨てて、僅かに深山の洞に移るといえども、隠遁はただ名のみあって……」の一文は、「小隠は山中に遁れ、大隠は市井に遁る」という中国のことわざを想起させます。喧騒の市井でも心が穏やかな人、それが本物の隠者だというわけですが、――廬を結んで人境に在り／而も車馬の喧しき無し／君に問う　何ぞ能く爾ると／心遠ければ地自ずから偏なり／……、の詩境を示した陶淵明も、その大隠の一人だったのでしょう（「飲酒　その五」）。

貞慶の事跡上、隠遁のことはきわめて重要です。それについては、第一部にゆずり再説はひかえますが、要点をいえば、笠置寺に籠居したとはいえ、貞慶はその後も、南都仏教の現実の動向を一身に担いました。それによって、興福寺をはじめとする南都の教学も大きく展開したわけですが、一方、貞慶のきわめて個人的な立場からすれば、それはまた、実に問題の多い隠遁であったでしょう。人前に出る機会もかなりで、そこでは自ずから、名利の問題などもからんできたであろうことは容易に想像できます。

　そういう一仏教者として、自己の日常に目を凝らせば、何とも目だるいことばかりだ――。というのが、『愚迷発心集』に一貫した論調ですが、次に「猥しく仏を憑むと称す」とあります。人には「自分は仏を憑みたてまつる者だ」などと言いはするが、それならば、聖なるものに通じる誠実な日常をおくっているかと自問すれば、そうだとはいえない。自分ながら、これはあまりにもひどすぎるという他はない。そして、仏の教えを学んでも、その教えのままに受け止めようとしないというのです。自分の都合のいいように解釈したり、お経にはそう書いてありますがね――などといって、暗に実践不可能をにおわせたりする……。

　かれこれ、数え上げれば、わが日常は罪業だらけで、これでは、仏の世界から滔々と流れ出ているといわれる教えも、この私という者には、どうやらその流れも通じていないらしい。考えてみれば、善いことは気が進まないけれども、悪いことは率先実行だ。たとえば、名前が世間に広まったり、いい評価を得たいと思う気持ちは実に旺盛で押さえ難く、そして、やっぱり、実利に潤いたいのだ、と述べられています。ここにきて、わが隠遁は名ばかりだと告白された意味も、より明らかになります。

　それは、名を求めて動くのが世間というもので、隠遁とはそういう世間からの大いなる離脱だからです。それがそうではないのですから、まさに貞慶の心は波高し、といったところです。そして、それでいて、「等閑の言の端には、身の錯りを悲しむといえども、真実の心の底には、その過を改むることなし」なのだと、言葉をつづけています。「等閑の言の端」とは、その場かぎりの軽い物言いです。――こんなことをしていてはいけませんよね、などと心にもない紙のごとき言葉を弄するだけだという意味です。鏡に写る自分の有体――、私たちは黙する他ありません。

3　夢中の名利

――このようにみてくるならば、やっとのことで受け難き人の身を受けているといっても、これでは、受けていないよりも拙いのではないか。また、めったなことでは出会えないという仏の教えに、すでに出会っているといったところで、これでは、出会っていないよりも空しい。そういわざるを得ません。たまに殊勝にも道場において心を静め、わが罪咎《つみとが》を仏の世界から流出する智慧の水で洗《そそ》ごうと思うのも束の間、心は早、仏心に一途になりえず散乱してしまって、いささかも清浄にはなりません。

あるいは、稀に仏菩薩の尊像の前にぬかづき、わが心の迷闇を智慧の光で明らかにしていただこうとは思うのですが、わが心の表面はたちまち、心の深みから浮び上った煩悩によって覆われてしまいます。無明の長夜は、なおも深いようです。こうした心のさまは、昔から貫かれてきたいわば習い性であって、それだけに、ちょっとしたきっかけでもいよいよ活発になってしまいます。

一方、仏心参入の道は月日も浅く、積み重ねもほんの僅かですから、わが心を大いに励ましても、ちょっとでも気を抜こうものなら、それこそ旧の木阿弥です。仏前勤行で、手に念珠をもち、口に仏の名号を称え、心に仏を思う気持ちを湧き立たせようとしますが、それらが一つに調和せず、バラバラ。余念で心は散乱してしまうのです。何かといえば、なかなか出会えない仏の教えに出会っているなぞといいます。そうであれば、仏道を一直線に行き切ってしまえばいいものを、何かグズグズしてしまうのです。それでいて、仏法の学修は、やっつけ仕事のように大急ぎでかたづけてしまう。

それは一体、どういうことなのか。ずばりいえば、ただただ世事が気になって仕方がないわけです。解脱こそ望まれる世間のことどもが、どうしてそのように大事なのか。世事は、煮詰めていけば、はかない名声といささかの実利についての計略にすぎません。その名声を求め実利を貪るそのことが、わが身心を悩ます大いなる毒です。その毒は、今生はもとより、次の生をも悩ますものです。富める者は、たやすく手に入る享楽を貪って現《うつつ》をぬかし、まったく足ることを知らず、今さえよければいいと思っています。そして、貧しい者は、その富める者の享楽をただ恨めしく思い、所詮、自分には味わえない楽しみだと憂うばかりです。しかし、いずれにせよ、いよいよ罪業を重ねていくばかりです。

まことにおもんみれば、無量億歳を過し、受け難き爪上《そうじょう》の人身を受くといえども、受けざるよりも拙く、恒沙《ごうじゃ》の塵劫を重ねて、遇い難き優曇《うどん》の教文《きょうもん》に遇うといえども、遇わざるよりも空し。たまたま道場に望み、罪垢を心水に洗がんと欲すれば、散乱の浪たちまち動いて、一塵をも未だ清からず。希《まれ》に尊容に向いて、迷闇を覚月に照さんと欲すれば、煩悩の雲厚く覆いて長夜なお深し。妄心の迷いは往昔の串習《けんじゅう》なれば、僅かに起るとも、いよいよ盛んなり。菩提の道は今新たなる行業なれば、励むといえども速やかに忘れぬ。手には念珠を廻るといえども、数と余念と相乱る。口には宝号を唱うといえども、心と脣《しん》舌《ぜつ》と調わず。纔《わず》かに勤むるところは、すでに以て実なし。値《あ》い難き法に値うといえども、急《と》く功《く》を終ることに嬾《ものう》くして、急ぎ已っては、いかなる所作ぞ。ただひとえに世務の計《はかりごと》なり。世務はこれ何の要ぞ。夢中の名利のためなり。名利はまた大いなる毒にして、二世の身心を悩ます。富める者は楽しみを貪って、すべて後生を知らず。貧しき者は憂えを懐いて、いよいよ罪業を造る。

本段の冒頭、実に悲壮な文言がおかれています。——いわく、受け難いといわれる人の身を受けているが、これでは、受けていないよりもつまらないではないか。なかなか出会うことができない仏の教えに、やっとのことで出会っているといっても、これでは、出会っていないよりも空しいことではないか、と。「優曇の教文」の優曇とは、三千年に一度開花するという優《う》曇華《どんげ》のことで、仏の教えに出会うのも、その優曇華の開花に出会うように稀有なことだという意味です。前出の文言でいえば、「曠劫の幸い、身に余ることを弁えず」（前編9　急ぐべきこと）です。その身に余ることをあまりにも弁えない、この自分というヤツは——。『愚迷発心集』を読む私たちも、このあたり、何かしら異様な胸苦しさを感じます。

なおのこと、たまたま道場に望み、希《まれ》に尊容に向っても、わが心の表面は散乱して、なかなか心静かな時空を得ることができない――。そのことを、貞慶は「往昔の串習」、つまり、かねてからの習い性によるのだとみています。それゆえ、よほど気持ちを引き締めていても、わずかの隙に習い性がつけこんで悪い習慣がのさばってしまう。一方、仏の教えには「曠劫の幸い」で、いわばついこの間めぐり会っただけですから、少しも血肉化していません。わが仏道はまことに脆弱で、何ごとも覚束ないというのです。そうであれば、ただただ気を引き締めて励む他ないのですが、ちょっとでも気を抜くと、たちまち怠惰な気持ちが心を覆いつくしてしまうので、「すでに以て実なし」。ここでもやはり、貞慶は自身の頼りなさを見つめています。

さて、そうした自分はともかく、「曠劫の幸い」で「値い難き法」に出会った者として、その仏法にどう相対《あい》しているのかということですが、明らかにされたのは、「急く功を終ることに嬾くして、急ぎ已」る自己の姿でした。なかなか出会えない仏の教えに出会ったのですから、仏道を一直線にひた走りに走りぬけばいいのに（急く功を終る）、それは嬾い――。つまり、何となく気が重い。しかし、それでいて、仏教の勉強なぞ、いわばやっつけ仕事のように急いで片付ける――。一体全体、どうしてそんなに急ぐのか、と目を凝らせば、そこに浮かび上がるのは、やはり、「名利」につきるというのです。

この「名利」の語は、すでに第一部（貞慶小伝）でみたように都合八回出ますが、そのうち、六回は後半に集中しています。自己凝視の深まりと連動していると考えられます。笠置寺隠遁とはいえ、南都仏教の現実のリーダーとして活動し、その評価が高かったわけですが、他方、一仏教者として自分の有体を見つめようとすれば、自己における名利の問題を取り上げざるを得ないということだと思います。ちなみに、頻出する「名利」の語を取り出してみると、つぎのようになっています。

①　悲しいかな、名利の毒薬を幻化の身中に服して、空しく二世を殄さんこと。（前編6　来し方行く末）

②　希に一善を勤むといえども、多くは名聞の思いに穢さる。（前編7　神仏の視線）

③　たといまた学文の志あれども、無上の法宝を費して還って名利の価を募り、甘露の妙薬を嘗めていよいよ煩悩の病を増す。（後編1　名利に惑う）

④　善は嬾く悪は好ましく、名を求め利を貪る。（後編2　憑み難き自己）

⑤⑥　世務はこれ何の要ぞ。夢中の名利のためなり。名利はまた大いなる毒にして、二世の身心を悩ます。（後編3　夢中の名利）

⑦　名利の妄染はこれ心の底に深く、智水乾きて洗ぎ難し。（後編4　愚迷をかさねる）

⑧　欣《ねが》うべきの菩提をも、まったく欣わず。愚かに執するところは、虚妄暫時の名利なり。（後編5　行為のゆくえ）

考えてみると、世間の仕事はさまざまなれど、つきつめれば、名が広まり実利に潤うための計略に過ぎない。その名にしても利にしても、夢中の名利といわれるように、もろくもはかないものなのですが、それが今日と明日の自己を悩ますわけです。しかし、そうしたものを大きく手放すためにこそ仏の教えがあるわけではないか。そうであれば、この自分は、一体何をしているのか。何のための仏道学修なのか――、このもっとも根本的な問題を絶えず質していこうとする貞慶の姿勢は、私たちにとってすでに清冽そのものですが、それだけに、自己凝視によって露にされた自己の姿は、貞慶自身にとっては、底知れず深い迷闇のただ中なのかもしれません。なお、「名利はまた大いなる毒にして、二世の身心を悩ます」の一文は、冒頭の「毒気深入の輩、擣簁和合の薬をも知らず。為毒所中の類、好色香薬の教をも守ることなし」（前編2　釈尊在世に漏れる）を想起させます。『愚迷発心集』は、前後がさまざまに呼応しています。

4　愚迷をかさねる

――自己を顧みてその有体を述べれば、およそこんなことですが、さらにその愚迷を書きとめようとすれば、次から次へと思い当って筆を擱《お》くことができません。慎むべきは、そして、深く察すべきはわが迷妄の日々・愚迷なる身の上です。その愚迷ゆえに、今生で仏心に即した観行を企てることが難しいとしても、未来のためならば、また話は別ではないか。ふと、そんなことを思ったりもします。

しかし、予ての朦々緩々とした悪習慣や、仏法に出会っている今はともかく、それまでの仏法に無縁の劣悪な環境などに妨げられて、仏道における未来のあるべき自己の姿をイメージして、そうなろう・そうなるんだと、誓願を発すことができないのです。考えてみれば、いささかも真実に触れることがなく、わが身口意《しんくい》の三業は、あまりにも不浄です。それでいて乱暴にも、自分は比丘《びく》であるなぞと公言しています。これでは、まるで鼠でも鳥でもないコウモリのようなものです。

そして、それればかりか仏子とさえ自称しています。もうこのあたりで本当に、自己の罪業を心から恥ずべきです。仏陀は『梵網経』の中で、つぎのように述べておられます。「このような破戒の人・破廉恥の人は、わが弟子ではない。そのような人から、私が本師だなぞといわれたくない。破戒無恥の人は、一切の供養を受けてはならないから、もはや生きる道はないのだ。すべての土地が国王に属している限り、そこに足を踏み入れることはできない。まして、唾を吐くところさえない。そんなところで、うろうろしていれば、たちまちのうちに五千の鬼どもがやってきて追い立てるであろう」と。

ああ、かたく守るべきはずの本師釈尊の教えを守らない日常を過して、どうやら、私という人間は、あの恐るべき地獄の獄卒に責めさいなまれたいようです。今までの日常生活は、どこからみても罪咎ばかりです。その中でも、名声やよき評価を求め、実利に潤わんとやっきになること、その不浄さはあまりにも心に染みついており、それにつれて、智慧の水は干上がるばかりで、わが不浄をそそぐことが困難なようです。そして、身についた癡《おろ》かさによる「都合よきものへの愛着」と、その反対の「不都合の排除」、つまりは、そうした愛と憎しみの綾なす日常の滓は、心底に累々と降り積っています。それを払拭すべき智慧の風も、この私にあっては絶えて吹いたことがありません。

そんな有様は、いってみれば、頭髪に火がついて燃えている危急の状況で、一刻の猶予も許されません。そうした頭燃《ずねん》を払って、追いこまれた自分を救うべく真摯に修行する人とは、どのような人なのでしょうか。一方、私はといえば、その危急の中にあって、相変わらず何かと口実を見つけては、本当の意味での仏道精進を怠っています。まさに馬齢を重ねるばかりで、積み重ねるべき善心は一向に増えません。そして、迷妄の日々の中、名利の執心は衰えるどころか、むしろ激しさを増す勢いです。こんな現況から将来を想像すれば、見こみはなはだ少なく、悲しみばかりという他ありません。

およそ言《ことば》を述べて記せんと欲すれば、筆を染むるに遑《いとま》あらず。慎むべく察すべきは、迷なり愚なり。たとい今生の中に観行を企て難くとも、なんぞ未来のために清浄の願を発さざらん。然れども、串習に拘わられ卑下《ひげ》に妨げられ、将来の誓願すら、なお以て発し難し。すでに一善の真実もすべてなし。また三業の妄染《もうぜん》はもっとも深し。猥《みだりがわ》しく比丘と号す、はなはだ蝙蝠《へんぷく》のごとし。あまつさえ仏子と称す、恐らくは慚愧《ざんぎ》すべし。仏の言く、「かくのごときの人は、わが弟子にあらず、また我を称して本師とせず。いわゆる法の中の旃陀羅《せんだら》なり。国王の地の上に涶《つばき》を吐くに処なし。五千の大鬼、つねにわが足の跡を払わん」。

ああ、堅く守るべきの慈父の遺言を守らずして、はなはだ怖るべきの獄卒の呵責を蒙らんと欲す。実に世間出世について、身口意の業において、時々の所行と云い、念々の思惟と云い、その悪うたた多く、その過《とが》、幾許《いくばく》ぞ。名利の妄染はこれ心の底に深く、智水乾きて洗《すす》ぎ難し。無明の愛塵はこれ身の上に積もり、梵風断えて払うことなし。いかなる人か、精進して頭燃を払うがごとくならん。いかなる我か、懈怠にして寸陰を惜しまざるなり。齢また齢、齢を積むといえども、増すことなきは善心なり。迷いなお迷い、迷いを累《かさ》ぬといえども、衰えざるは妄執なり。兼ねて当来を想うに、憑み少なく悲しみ多し。

これまで真摯な自己凝視を重ね、また深められてきた貞慶ですが、前段まででほぼ一通り自身の露な姿を見定められたのか、この一段を、「およそ言を述べて記せんと欲すれば、筆を染むるに遑あらず」と始められ、すでに明らかになった愚迷な自己について、今後とも、深く慎み察すべきであると述べています。いちおう、収束の気分がうかがえます。が、すぐさま、「たとい今生の中に観行を企て難くとも、なんぞ未来のために清浄の願を発さざらん」と、早、自己の問題性へと目を向けています。

迷妄の今生だから、百歩譲って、仏心にかなった瞑想や祈りを企てることは難しいかもしれない。しかし、今後の自分ということを考えれば、どうか。真の仏道を歩もうとする誓願も発すことができるのではないか。それがどうしてできないのか。貞慶はこのように述べ、そして、例によって「然れども」と言葉をついでいます。——それはいままでみてきたように、前生までの仏教を学ぶに劣悪な環境、あるいは、朦々緩々と今生の日々を過す習性に妨げられて、将来を見越してさえも、やはり発心しかねる自己の姿を明確にしています。しかし、それでいて、比丘と号し仏子と称している。それは蝙蝠のようであり、かつ、猥りがわしい——。と、自分でもいわざるを得ないというのです。

蝙蝠《へんぷく》とは、破戒の比丘を喩えるもので、『仏蔵経』に「譬えば蝙蝠のごとし。鳥を捕らえんと欲する時、則ち穴に入りて鼠たり。鼠を捕らえんと欲する時、則ち空を飛んで鳥たり。しかして実に大鳥の用《ゆう》あることなし。その身は臭穢《しゅうえ》にして闇冥を楽《ねが》う」（大正蔵一五・七八八・c）とあります。「大鳥の用がない」とは、立派な鳥というわけでないという意味で、要するに、鳥なのか鼠なのか、何だか訳のわからないものだということです。猥りがわしいとは、「無法にも、乱暴にも」の意味で、問題の多い自分が乱暴にも比丘などというのは、まさに蝙蝠《こうもり》のようではないか、というわけです。

ここで、解脱上人は、「仏の言く」として、『梵網経』の一節を取意引用しておられます。典拠は、巻下の第四十三軽戒の条文です（大正蔵二四・一〇〇九・a）。

——もし仏子、信心して出家し、仏の正戒を受け、ことさらに心を起して聖戒を毀犯《きぼん》せば、一切の檀越の供養を受くることを得ざれ。また、国王の地の上を行くことを得ざれ。国王の水を飲むことを得ざれ。五千の大鬼、常にその前を遮り、鬼、大賊なりと言わん。もし房舎・城邑の宅中に入らば、鬼、また、常にその脚の跡を掃わん。一切の世人、罵りて、仏法の中の賊なりと言わん。……

これは、仏戒を受けた者は、ことさらにこれを犯してはならないといさめた条文です。つまり、犯した場合は、一切の供養を受けることができないのですから、死を覚悟しなければならないというわけです。すべての土地が国王に属しているかぎり、足を踏み入れることも、水も飲めない――。まさに、死ぬしかありません。「国王の地の上を行くこともできない」というところを、貞慶は、「国王の地の上に唾を吐くに処なし」と言い換えています。

自己凝視によって露になった悪業を重ねるさま、それはあまりにも不届きだから、わざと「唾を吐く」と下品にリライトされているのでしょうか。なお、「仏法の中の賊」を「いわゆる法の中の旃陀羅」と書き換えているのは、今日的には問題です。旃陀羅は、サンスクリット語のチャンダーラ（caṇḍāla）の音写語で、四姓の外にあって屠殺を業とするものの意。このところも、時代の制約をうけた箇所だと指摘して括弧に入れておきたいと思います。

いずれにせよ、そうした経文の引用を前提にしての「恐らくは慚愧すべし」であろうと思います。――もうこの辺で、本当に必ず自己の行状を恥ずべきではないか。この慚愧は、「慚愧に耐えない」と日常用いられますが、「慚」と「愧」という二つの心所（心のはたらき）を合せたものです。ここで、『成唯識論』の定義を参照すると、次の通りです。

慚……「自と法との力に依って、賢と善とを崇重するをもって性《しょう》と為し、無慚を対治し、悪行を止息するをもって業《ごう》と為す」

愧……「世間の力に依って、暴・悪を軽拒するをもって性と為し、無愧を対治し、悪行を止息するをもって業と為す」

このなか、「自と法（真如《しんにょ》としての自己と釈尊の教え）との力に依る」とは、自分の日常生活というものを、本来の自己と仏の教えに照らすということ、また、「世間の力に依る」とは、まわりの人々・地域社会の人々（↓人間一般）つまり、人間として自ずから要請される行為というものに、自己の行状を照らすということです。

つまり、この「自と法と世間」と、これら三つのものに照らしてみた自分の現実の行為との落差に恥じ入る――。それが、「恐らくは慚愧すべし」の内容でしょう。仏法に導かれて把握された「人間として要請される行為」と、その連続体としての日常生活のあるべき姿、そして、仏法を学ぶことによって導き出された「かくあるべき」あるいは「かくありたい」という自己イメージ、そうしたものに、現実の自分の行為・日常生活を照らしてみた結果、明らかになる落差――。その悲嘆はあまりにも大きいのですが、貞慶が志向する仏教者としての日常または自己イメージの高さこそ、『愚迷発心集』の自己凝視を「然れども」「然れども」「しかのみならず」と深めていくもので、その意味でも、この「慚」「愧」という善の心所が、自己凝視を深める大きなポイントなのではないかと思います。

それはともかく、自己の日常によくよく目を凝らせば、少しも釈尊の遺言にそったものではなく、「時々の所行」「念々の思惟」のすべては「名利の妄染」に帰着するのではないか、数々の悪行の滓は積もるばかりだ、と貞慶は筆をつづけています。「……塵は積もり、法水流れを通ぜず」（後編2　憑み難き自己）、法界等流《ほっかいとうる》というけれども、この私にあっては、智水（智慧の水）は干上がり、梵風（智慧の風）はそよりとも吹かぬ——。自己と自己をとりまくものへの執着がきびしく、三毒や慢心などの煩悩の心所が活発なために、本来備わっている智慧のはたらきが妨げられている、それが「智水が乾く」です。智慧のはたらきを取りもどすために、煩悩の力をそぎ、そして、ついには無力化する波羅蜜多の実践（六波羅蜜多。布施・持戒・忍辱・精進・禅定・智慧）が用意されてはいます。しかし、布施行のよき機会さえ、自ら遠ざけてしまう——。この点、前出の「かの乞匃非人の門に望むには、賜わずして悪厭せしめ、烏雀犬鼠の食を求めるに、情を廃てて慈悲もなし」（前編8　空しく日を過す）の一文が想起されます。ここもまた、前後呼応しています。

「頭燃を払う」の頭燃とは、頭髪に火がついて燃えることで、まさに危急の状況を指した喩えです。このすぐ後に出る「命の喉に迫る」と同義です。そうした状況でさえ、この私という者は、一切の世務を手放して仏道に精進せず、相変わらず朦々緩々として過している。否、それどころか、いよいよ妄執を深めている——その現況から判断するならば、未来もまた「憑み少なく悲しみ多し」といわざるを得ない。「善は懶く悪は好ましく、名を求め利を貪る」（後編2　憑み難き自己）日常では、その結果は明白だというわけです。

5　行為のゆくえ

――とりわけ心配なのは、この世を去って訪れる冥府の五官王の断罪ですが、あるいは、その断罪を免れることができるかもしれません。つまり、閻魔王庁にある浄頗梨《じょうはり》の鏡は、人の一生の悪業をことごとく写すといわれていますが、それがたまさか曇っていて、わが悪業が写っていないことがあるかもしれない。と、都合のよいことを思ってみます。

しかし、たとえそうであったとしても、わが一々の行為は、その善もしくは悪の性質を帯びたある種のエネルギー（種子）を阿頼耶識に植えつけ、そうして一旦心の深みに植えつけられた種子は、朽ちて無くなるということがない。つまり、自業自得の因果は必然で、この点は実にはっきりしています。ゆえに、将来味わわなければならぬ苦の報いは、まさに必然で遁れることはできないわけです。こうしたことを、どうしたものかと嘆くことも、それはありますす。しかし、それも一瞬のことで、しばらくすれば、ケロリと忘れてしまいます。まことに、迷妄の悪習慣というものは恐ろしいものです。

ここで他の人のことをいうのはどうかと思いますが、たとえば、齢八十にもなる人でも、危急目前にせまることをほとんどわかっていないのではないでしょうか。いつだったか、私が病気で数日寝込んだ時のこと、いささか心もとなく感じはしましたが、その時も、依然として人間は必ず死ぬものだとは深く思いもしないことでした。

このまま迷妄の日々をいたずらに過せば、やがて肉体が老朽して趣く先は、地獄・餓鬼・畜生の三悪道の火坑にちがいありません。まわりを見回して自分のことを推し量ると、火坑のことは疑いなしです。濁世《じょくせ》末世の常で、誰も彼も皆そうだといわれますが、他の人のことはともかく、この私自身の無明の闇の深さは、想像を絶します。この無明の闇に迷える自己の姿を明確にしないで、私はどうしようというのですか。

しかし、有体にいえば、実はもう自己の実態をほぼ把握しています。そして、どうしたらよいのかも、自ずからわかっています。それでいて、迷妄の日々を重ねているのです。迷妄して無明の闇をさらに深くしていることは、実に畏れるべきことです。口では畏れるといいますが、それも、とりあえずいうのであって、本心からのものではありません。

なかんずく、五官王の断罪はもし脱《まぬか》るることあり、浄頗梨の鏡の影はたとい写すことなくとも、転識頼耶《てんじきらや》の念々の熏修においては、朽つべからず失うべからず。自業自得の因果は必然なり。当来の苦報は、まことに以て遁れ難し。ほぼいかがせんと嘆くといえども、彼の時を隔てぬれば、速やかに忘れぬ。熏習の馴るるところ、その性還って本のごとし。彼の齢八旬《じゅん》に闌《た》けたるの人も、あえて命の喉《のんど》に迫ることを弁えず。我、病を数日に憂えるの時も、猶し定めて死ぬべしと覚らず。目盲《めし》い足蹇《あしな》えて火坑に堕ちんと欲す。他を見て我を推すに、この事疑いなし。濁世末代の習い、人ごとに爾《しか》りといえども、我等が癡闇《ちあん》の深きこと、心も言も及ばず。これを知らずんば、いかがせん。知りながら還って迷えり。これを畏れざるは、愚の至りなり。畏るといえども実なし。

前段は、自己の現況から将来を想いやれば、「憑み少なく悲しみ多し」だと、悲嘆の言葉で結ばれていました。この段では、その悲嘆のわけが述べられています。

その発端として、人の一生の悪業をことごとく写すという閻魔王庁の「浄頗梨の鏡」が引き合いに出されています。まことに具合の悪いというか怖い鏡ですが、それが曇っていて、場合によっては、自分の悪業の数々が写っていないのではないか、ゆえに、冥府の断罪を免れることができるかもしれない。――などと、都合のいいように考えることもできるかもしれないが、「転識頼耶の念々の熏修」はそうはいかない。これは一瞬たりとも曇らず休まず、「朽つべからず失うべからず」だと、強い調子です。

「転識頼耶の念々の熏修（熏習）」とは、私たちの心的メカニズムのことで、悪業ならば悪の種子を、善業ならば善の種子を、阿頼耶識という私たちの心的基盤に植えつけるということです。この、植えつけることを「熏習」といい、唯識仏教の重要な用語となっていますが、その阿頼耶識に熏習されたものが「種子」で、これが「朽つべからず失うべからず」のものだというのです。

唯識の考え方は、仏教の唯心論的傾向をより先鋭化したもので、すべてのことがらを心の作用・心の要素に還元して考える立場です。つまり、行為行動は、仏教ではふつう「身《しん》・口《く》・意《い》の三業」といいますが、唯識仏教では、これを「現行《げんぎょう》」という語で示し、かつ、それを七転識のはたらきに還元して考えるのです。唯識による心の構造は八識ですが、それに転識頼耶の相互作用を加えて図示すると、次のようになります。

前五識（眼・耳・鼻・舌・身の五識）……五感覚―心の表面 ┐
第六意識……知覚・感情・思考・意志など――心の表面 ┼―七転識（転識）
第七末那識……自覚できない利己性――心の深層 ┘ →① ←②
第八阿頼耶識……行動情報の保存――心の最深層――根本識（頼耶）

つまり、一つ一つの行為（現行＝転識のはたらき）がもっている善または悪の性質を帯びたある種のエネルギー（種子）が、阿頼耶識（頼耶）に熏習されるのが、図の←②です。このプロセスが「現行熏種子」という語句で示されます。一方、その頼耶に植えつけられた種子は、劣化しないで長く保存されます。そこを、貞慶は「朽つべからず失うべからず」と述べています。阿頼耶識の「阿頼耶」はサンスクリット語のアーラヤ（ālaya）の音写ですが、意訳は「蔵識」（英訳ではstore consciousness）です。つまり、種子は阿頼耶識という蔵に収蔵・保存されるわけで、現代的にいえば、アーカイブということになります。このアーカイブは、文字通り劣化しません。

ここでまた、長実房英俊の日記を参照すると、

なに事も／みな過ぎぬれど／朽ちせざる／頼もしの種子は／うらめしき哉

という道歌が収録されています（『多聞院日記』天正十六年十二月二十九日条、表記、筆者）。一読、「朽つべからず失うべからず」という『愚迷発心集』の文言の影響を受けたものであることがわかります。

ところで、阿頼耶識に植えつけられた種子は、ただ保存されるのではなく、さまざまな条件が整うと、ふたたび同じような行為行動（現行）を生じさせる。つまり、種子は結果にとどまらず、原因にもなる――。その行為の発生プロセスが図の→①で、これを「種子生現行」といいます。ここで、現行は結果ですが、同時に原因となって、種子を阿頼耶識に植えつける。こうした一連の因果の連鎖を、「種子生現行、現行熏種子、三法展転、因果同時」と表現することは、すでに一瞥したところです。

以上のように、他者は五官王でさえ、あるいはごまかすことができるかもしれないが、自己はごまかすことができない。自業の結果を回避することなどできない相談で、自得せざるを得ない。いったん阿頼耶識にアーカイブされた種子は劣化しないのですから、善ならば「頼もしの種子」ですが、悪の種子ならばまことに困ったもので、「うらめしき」こと限りなしです。この点、名利を追求する日々に犯す悪業という原因は、苦の果報こそもたらすものであり、それを免れることは不可能であって、「まことに以て遁れ難し」なのです。

それについて、もちろん、「ほぼいかがせんと歎く」ことはある。どうしたものか、このままだとまずいんじゃないかと、いちおう悲嘆にくれるのですが、それも「時を隔てぬれば、速かに忘れ」てしまうというのです。まさに「等閑《なおざり》の言《こと》の端《は》」（後編2　憑み難き自己）です。このままじゃまずいぞ、と、善なる心が起きようとはするのですが、それを後押しする二の矢・三の矢がなく、ちらりとみえた善心は速やかに忘却され、ふたたび怠惰な習慣性の中に沈潜していく。——と述べて、やや一段落されたのでしょうか、貞慶は、ここで少し人間一般に目を転じて、「彼の齢八旬に闌けたるの人も、あえて命の喉に迫ることを弁えず」と綴っています。齢八旬の「旬」とは十日のこと、転じて十年を意味します。つまり、すでに八十を越えたという文字通り高齢の人でも、「命の喉に迫ること」を本当に弁えている人は、ほとんどいないというのです。そして、それを受けて、そういえば、自分が病を得て数日寝こんだ時、それは心許なく思ったけれども、だからといって、いずれは死すべき命だとは思い至らなかったとの想起を認めています。これにかんして、すでに取り上げた長実房英俊の日記に録された短歌を再掲しておきます〔表記、筆者〕。

——長実房六十四歳

老いたるも／若きも死ぬる／習いぞと／知り顔にして／知らぬ身ぞ憂き

世の憂さに／口荒《すさ》めども／心には／更さら死なん／心地こそせね

——同七十歳

死ぬる人は／皆我よりも／若けれど／更に行くべき／道と思わず

もう一言半句の説明も不要です。生の執着そのものが、そのまま姿を現しているとしかいいようのない歌です。まさに「あえて命の喉に迫ることを弁えず」です。そして、いよいよ迷妄に沈んで、無明の闇を深くしている自分とは――。かかる実態を知らないで、あるいは、知ろうともしないで、どうしようというのか、と自問つつも、否、実は「知りながら還って迷」っているのだと告白して、貞慶はここでも、自己の露な姿を大きく曝しています。曝して曝して曝し切らねばおかぬ決定《けつじょう》した気持ちが、他のあらゆる無難さを封じこめて躍動しているらしく感じられます。なお、この「知りながら還って迷えり」の文言は、前出の「愛別離苦は、見已って還って愛し、怨憎会苦は、覚り已っていよいよ怨む」(前編8　空しく日を過す)と、前後呼応しているでしょう。

*

――すなわち、生まれ変わり死に変わりする迷妄の海に深く沈むためには、いくらでもわが身命を捨てるのですが、そうした迷妄の世界からの離脱のためには、一体いつになったら、身命を捨てるのでしょうか。わが身命も少しも実有ではなく、さまざまな要素がひと時仮和合しているにすぎないものです。そんな暫時の命を惜しんで、もっぱら朽ちない苦の種をセッセと阿頼耶識に植えているだけではないか。なぜ思い切って、仏道のためにその暫時の身命を捨てないのか。

芭蕉はその初め、大きく滑らかな緑葉で悠揚と風を受けていますが、やがて、ちょっとでも強い風が吹こうものなら、見るも無残に筋切れてしまいます。また、草に結んだ朝露は、昇る陽光をうけて、つかの間キラリと光り輝いてみせます。しかし、どちらも、まったく一瞬です。ただ、一瞬たりとも、芭蕉が悠揚と風を受ける楽しみ、あるいは、草露がキラリと光り輝く栄光はあるかもしれません。

その点、この私はどうでしょうか。一瞬たりとも、誇るべき楽しみ・愛すべき栄光があるといえるでしょうか。しかし、それをどうしても実体視し執着してしまいます。誰というわけではなく人は皆、いわば狂える存在で、その証拠に、人は火宅を火宅たらしめている炎に咽《むせ》ぶということがあっても、一向にこの身を浄土に運ぼうと希望しません。それどころか、むしろ、次の生・次の生へとわが身を流転させてしまう行為を重ねるばかりで、一向に濁世からの離脱へ動こうとしません。ただ愚かにも、空しい一瞬の名利に執着し、また、稲妻の閃光や朝露にも喩えられるはかないわが命に固執するばかりです。

これでは、あまりにも悲しいではないか。芳しい仏陀の御名をも耳にせず、ただ迷妄の闇から闇へと永遠に流転するばかりというのは、あまりにも拙劣です。先ほど、誰というわけではなく人は皆、などといいましたが、他は知らず、まちがいなくわが身の上のことです。そうであれば、わが身大事などといって、そのあげく、馬齢を重ねて意義なく迷妄の闇にこの身命を捨ててしまうのではなく、同じ棄てるならば、この身命を仏道にこそ棄てるべきではないか。苦に泥む日々に空しく埋没するのではなく、「急ぎても早く急ぐべきは」仏心参入であり、いまこそ、それを求めてひた走りに走るべきです。

ここを以て、生死沈淪のためには、徒《いたずら》に身命を捨つるといえども、出離解脱のためには、いずれの時にか身命を捨てたる。ただひとえに暫時の命根《みょうこん》を惜しむがために、もっぱら長劫の苦種を殖《うえ》たるところなり。芭蕉の脆《もろ》き身、たとい楽しみありとも幾の程ぞ。草露の危うき命、たとい栄えありとも久しからず。いわんや、わが身のごときは、誇るべきの楽しみすべてなく、また愛すべきの栄え、何かあらん。誰か狂わすところあればか、火宅の炎に咽ぶといえども、浄刹の身を欣《ねが》わず、流転の業を萌《きざ》すといえども、出離の因を修することなし。怖るべきの生死をも、すべて怖れず、欣うべきの菩提をも、まったく欣わず。愚かに執するところは、虚妄暫時の名利なり。堅く着《じゃく》するところは、電光朝露の身命なり。拙きかな、悲しきかな。冥より冥に入りて、永く仏の名を聞かず、迷より迷に向いて、鎮《とこしな》えに多の劫数を送らん。豈これ我が身の上にあらずや。むしろまた人の上と思わんや。実にこの身を念《おも》わんと欲すれば、この身を念うことなかれ。早くこの身を捨てて、以てこの身を助くべし。徒に野外に棄てんよりは、同じくは仏道に棄つべし。空しく苦海に溺れんよりは、急ぎて彼岸を求むべし。

この一段では、重ねてはかない身命や空しい名利に強く執着して止まないさまが明らかにされています。「愚かに執するところは、虚妄暫時の名利なり。堅く着するところは、電光朝露の身命なり」とは、まことに端的な指摘です。もとより、そうした日々の暮しは、「拙きかな、悲しきかな」と認めざるを得ません。この「拙」は、テキストによっては「咄」になっています。これは、呼びかけてあやしむ声・叱る声の意味ですから、「貞慶よ、こんなことでいいのか、これでは、あまりにも悲しいではないか」ということになります。いずれにせよ、もうここまで自己の実態が明らかになったのですから、このまま迷妄の闇を深くする日々の暮らしに埋没しつづけることはできません。まさに「早くこの身を捨てて、以てこの身を助くべし」です。そして、いうまでもなく、その身の捨てどころとして仏道が大きく取り上げられています。この「早くこの身を捨てて、……急ぎて彼岸を求むべし」の一文にも、異様な息遣いが感じられます。それは、前出の、

——急ぎても早く急ぐべきは出離解脱の計、忘れてもなお忘るべきは虚妄実有の謬りなり。すべからく境界に向うごとに、実にこれ夢のごとしと想わば、自ら迷いを除くべし、終には悟りを開くべし。

と同断です（前編9　急ぐべきこと）。自己のあまりにも愚かすぎる、あるいは、拙すぎる日常実態から一刻も早く離脱し、このわが身命を仏の世界にこそ預け切ってしまいたいという強い思いが押し寄せてきます。

6　今日より始める

――そうであれば、すぐさま始めようではないか。明日といわず今日からです。わが身命を仏法僧の三宝にこそ大きく差し出すのです。そして、未来永劫、自ら仏道を求め、かつ他の生きとし生けるものたちを利楽したいと思います。この決意の下、山中に遁れようと市井に遁れようと、それはもうどちらでもいいことです。いずれにせよ、欣求《ごんぐ》する一なる仏の世界との縁を萌すべく日常を過すのです。

たとえば、寒さのきびしい明け方など、墨染衣の麻の薄さではつい寒さにふるえますが、そんな時は、生前の罪業によって紅蓮《ぐれん》地獄に堕ちその酷寒に苦しむ者たちの大いなる憂いを思って、いささかなりとも暖かい気持ちを注ぎたいと思います。あるいはまた、のどかな春のころ、粗末ながらも食事を頂くことができた時、餓鬼道に堕ちた者たちの飢えの苦しみを、何ほどか慰める気持ちをもちたいと思います。因果必然とはいえ、そうした劣悪な環境に堕した彼らの悲しみは、それはそれは大きいものです。

ところで、わが身の上ですが、さまざまな要素が仮和合してひと時の間存在しているにすぎないものをひたすら維持しようとして、せっかく人として受けた身心（心と体）を浪費するばかりです。それもいわゆる人生の難儀ですが、それはダメで意味のないことです。やはり、自他を利する仏法の実践行を何としても成し遂げなければ、と思います。もとより難儀なことですが、これは迷妄離脱のための意義ある苦悩です。
しかし、私はどうして、それを苦痛として回避しようとするのか。諸仏・諸菩薩も皆、かつては迷妄の闇に常没する凡夫で、その愚迷のさまは、私たちと何ら異ならなかったはずです。しかしながら、かの人たちはその昔、大勇猛《だいゆうみょう》の心を発して終に迷妄の域を離脱され、今、その智慧を以て私たちのために心を砕いておられます。そうしたことに深く思いをいたし自分を顧みれば、本当に恥ずべきであり、大いに悲しむべきです。常没の苦海からの離脱は、一体いつなのでしょうか。

然ればすなわち、今日より始めて未来際に至るまで、いやしくもわが身命を以て恭《うやうや》しく仏法僧に抛《なげう》ちて、以て仏道を求め、以て有情を利せん。これによって、あるいは草庵を山林寂莫の霞に結びて、しばらく今生遊宴の栖となし、あるいは一鉢を聚落憒閙《かいにょう》の煙に捧げて、永く一仏浄土の縁を萌さん。もしくは凜々《りんりん》たる冬景に、麻の衣薄くして寒風膚《はだえ》を徹《とお》さんの暁にも、紅蓮罪苦の氷を思うべし。その憂え幾許ぞ。もしくは遅々たる春天に、糲《れい》食乏しくして温日斜めに過ぎんの朝《あした》も、餓鬼飢饉の苦を慰むべし。彼の悲しみ大いなるかな。一旦の仮の身を養わんがために、尚し能《よ》く無益の身心を費やす。いわんや二利の行業を成ぜんがために、豈有《う》義《ぎ》の苦悩を痛みとせんや。彼の仏菩薩も本《もと》は常没の凡夫、迷心ほとんど我等がごとし。然れども、昔生死の夢の中に大勇猛を発し、今、仏果の覚《さとり》の前に我等を利益したもう。彼を見て我を顧みるに、恥ずべし悲しむべし。淪々たる苦海、出離いずれの時ぞや。

「……徒に野外に棄てんよりは、同じくは仏道に棄つべし。空しく苦海に溺れんよりは、急ぎて彼岸を欣うべし」（前段末尾）という気持ちに立ち至ったのであれば、——まさに今日から始めるのだ、と展開していかなければならない。いままで、さんざん後回しにしてきたけれども、こんにちただいまからきっぱりと始めて未来際に至るまで、自己の身命を仏法僧の三宝に抛つのだ、というのです。ここでは、もはや「求むべし」「利すべし」「萌すべし」ではなく、「以て仏道を求め、以て有情を利せん」「永く一仏浄土の縁を萌さん」となっています。この言葉遣いから、貞慶が前段までとは異なるステージに移ったことがわかります。いままでの真摯な自己凝視を通して、仏の世界への透徹した志向がしだいに熟成され、しだいに極まりつつあることを示す文言だと思います。私見によれば、『愚迷発心集』後編は大きく前後二つに分かつことができますが、本段からその後半になります。

ところで、「未来際に至るまで」ですが、未来には際限がありませんので、未来永劫ということです。仏前勤行の冒頭に唱える「三帰三竟《きょう》」では、「未来際を尽すまで」とあります。ちなみに、その全文を示すと、次のようになります。

我弟子、尽未来際、帰依仏、帰依法、帰依僧〔三唱〕
我弟子、尽未来際、帰依仏竟、帰依法竟帰依僧竟〔三唱〕

――われ仏弟子は、未来際を尽すまで、仏法僧の三宝に帰依したてまつる。われ仏弟子は、未来際を尽すまで、仏法僧の三宝に帰依したてまつり竟《お》わんぬ。

この「尽未来際」の考え方は、仏道というものをどこまでも求めていく・ひたすら求めていくことですから、はなはだ重い意味をもっています。しかし、それにしても、本段冒頭の「然ればすなわち、今日より始めて未来際に至るまで、いやしくもわが身命を以て恭しく仏法僧に抛ちて、以て仏道を求め、以て有情を利せん」の一文は重要です。それは、すでにみたように、この一文が直接的には前段を受けたものとはいえ、『愚迷発心集』を大きく見返すならば、むしろ冒頭に認められた一節への応答とも位置づけられるものだからです。その一節とは、

――ああ、八相成道の昔は、独り如来の出世に漏れたりといえども、二千余年の今、僅かに慈父の遺誡を聞くことを得たり。宝聚の山の間に望まざるに自ら入るなり、貧匱の家の中に取らずして後に悔いんや。受け難くして移り易きは人身なり。値い難くして希に得るは仏法なり。まさにいかなる行業を以てか、今生の思い出となすべき。これを黙止せば、なんぞ大利を失せざらんや。いわんや一たび悪趣に入り已りなば、曠劫にも出で難しとす。たといまた、人身を受くるとも教法に値わんこと、もっとも難し。早く万事を抛ちて、まさに一心に励むべし。実にこのたびにあらずば、始めて企てんこと、いずれの時ぞや。

です（前編3　釈尊の教えと自己）。この中、とくに「早く万事を抛ちて、まさに一心に励むべし」を受けた自問、すなわち、「実にこのたびにあらずば、始めて企てんこと、いづれの時ぞや」に対して、いまの「今日より始めて云々」が、寸分の狂いもなく対応していることは、注意を要します。そして、冒頭の問いに対するこの答えが、ひたすらきびしい自己凝視を重ねられた後に示されていることに、さらに意を用いたいと思います。

さて、そのように決意したならば、日常をどこで過そうとも、一仏浄土（これと心にきめた仏や菩薩の世界）への縁を豊かなものにしなければなりませんし、また、「視聴の触るるところ、しかしながら発心の便り」（前編5　発心の契機）さながらに、たとえば、冬の寒さに身が凍えたならば、それをよすがとして、酷寒に責めさいなまれる八寒地獄の徒の苦しみと大いなる憂いを、そして、粗末な食事にさいしては、餓鬼道に堕した者たちの飢えの苦しみや悲しみに思いをいたし、気持ちの上でこれを慰諭《いゆ》することもまた、有情（衆生）を利することに大きくつながっていくのだと述べています。

このなか、「紅蓮罪苦の氷」ですが、紅蓮から炎を連想して八熱地獄と誤解されることがよくあります。しかし、八寒地獄の第七・八（紅蓮・大紅蓮）で、その強烈な寒さのために、皮膚はおろか肉までもが分裂、それがちょうど紅い蓮華に似ているというわけです。それはともかく、一仏浄土の縁は「仏道を求める自利」、地獄・餓鬼の例は「有情を利す利他」で、上求菩提・下化衆生の二利平等の菩薩行の要点をおさえています。この意味でも、「いやしくもわが身命を以て恭しく仏法僧に抛ちて、以て仏道を求め、以て有情を利せん」と認め得たことは、きわめて重要だと思われます。
こうした決意をさらに堅固なものにするためでしょう、貞慶はふたたびその有体を、「一旦の仮の身を養わんがために、尚し能く無益の身心を費やす」と見定めた上で、二利実践の仏道をたしかなものにするためには、意義ある苦悩を重ねなければならないと述べ、「彼の仏菩薩も本は常没の凡夫、迷心ほとんど我等がごとし」と、自心を鼓舞しています。この一文は、『梁塵秘抄』の、

——仏も昔は人なりき、我等も終には仏なり、三身仏性具せる身と、知らざりけるこそあはれなれ。

の今様を想起させますが、それはともかく、仏法（仏教）という語は、

①仏による教え
②仏という教え
③仏に成る教え

という三つの意味をもっています。いかなる仏菩薩もまた、はじめは輪廻転生という生死の世界に埋没する人でしたが、ある時、勇猛果敢に仏道をきわめて、終に仏に成られた。そして、

その功徳を私たちにふり向けて利益《りやく》しておられるわけです。

そうであれば、速やかに道心を発し、ひらすら仏道を歩めばいいのですが、まさに「視聴の触るるところ、しかしながら発心の便りといえども、世事に暇なくして、すべて思い寄すること能わず」で、世事にばかり心を奪われ、ひいては、淪々たる苦海に常没している――。それがいまの私なんだ、と貞慶は述べています。そして、「彼を見て我を顧みる」時、「恥ずべし悲しむべし」といわざるを得ないのですが、これを受けて、「淪々たる苦海、出離いずれの時ぞや」と、ここでもまた、貞慶は自らに大きな問いをつきつけています。仏道への鬱勃――、とでもいうのでしょうか。

なお、「大勇猛を発す」とは、勇猛精進の心（勇猛心）をおこすことです。これは、勇気をふるい立たせて、どんな困難に遇っても、仏法の学修を怠らないことです。一方、困難に出くわして学修が滞ったり、やめてしまうのが「退屈（退き屈する）」です。何かといって仏道への直入を後回しにするのも、やはり退屈の範疇でしょう。後に述べるように（後編9　おわりに）、この退屈には三種あるといわれますが、それはともかく、そうした私たちの退屈しがちな心を、『成唯識論』では、

――練磨自心、勇猛不退（自心を練磨して、勇猛にして退せず）。

と述べて励ましています。唯識を立場にした貞慶ですから、事あるごとに、この句を想起した

はずです。

7　再びわが来し方

――いま、この身に限定せず、大きくわが生々世々というものを取り上げるならば、仏陀は次のように述べておられます。「大地とはいわば、汝らが生死輪廻をくり返すその無量の苦しみを受けとめるものだ。一人の人間が一劫という長大な時間に受けるところのさまざまな身体が、もし腐乱しないとして、それらを集積すれば、インドはマガダ国の都城・ラージャグリハ（王舎城）にあるヴィプラ山（広博脇山《こうばくきょうせん》）ほどにもなる。また、飲む乳汁も、傷ついて流す血も、そして、愛するものたちとの離別で流す涙も、それぞれ集めてみれば、この世界の中心にそびえる須弥山《しゅみせん》を取り囲む四大海よりも、あるいは多いかも知れぬ。また、大地の草木をことごとく折って、それを数とりにしても、一劫の父母の数を数え尽すことができない。そして、無始このかた、ある生は地獄、また、ある生は餓鬼や畜生の身となって受けるその苦しみも、数え上げることはできないのだ」と。

　こうした仏説を心に留めさまざまに思いをめぐらせ、つねに怠ることがあってはならないと思います。考えてみれば哀れなことですが、無始以来、生々世々の間に出会った父母・親族・師長・同法などの有縁の人たちは皆、煩悩にからめ捕られて苦にあえぐ者たちです。その人たちをいつの日か見失って、そのままです。そんな縁のあった人々は、今どのような境遇にいるのでしょうか。私はといえば、濁世の波に翻弄されるばかりで、かつて深く縁を結んだ人たちを救済する力がありません。何ものをも見通す神通力もなく、また、慧眼《えげん》も盲ていますから、彼らの境遇を何ほども知ることができないのです。

私たちは、生死輪廻という苦の世界に埋没するばかりで、未だそこから離脱していないわけですが、考えてみれば、その間あるいは父母となり、あるいは男女となって、互いに恩愛の縁を結んだのです。だから、すべての男女は皆、生々の父母なのですが、生を隔てていますから、それを明確にすることができません。また、すべての畜類は、世々の親族だといってよいが、姿や形が改められていますから、そうとは思いもしないのです。ゆえに、無慈悲にも平気でひどい扱いをしてしまいます。

今に至るまでの間に受けた数々の恩徳に、こうして少しも報謝しなければ、いつまでも自他ともに生死の世界に常没する者でしょう。まして、身体にある八万四千の毛穴の、その一々には何と九億もの虫類がいるといいます。もとより、それらはこの私に所属していますから、私が苦の世界に埋没しているかぎり、出離の機会はありません。ということは、私が苦海から浮び上れば、その虫類もまた苦を離脱することができるわけです。そう考えて、その面々の迷いにいささか思いを寄せれば、いままで朦々緩々《もうもうかんかん》と過してきた私も、これでいいのだろうかと、心はあれこれ乱れてしまいます。

神仏は、そんな私を悲しんで見ておられることでしょう。その悲しみはどれほどでしょうか。わが身の上を心から恥じ、また、大いなる痛みと受け止めなければなりません。まさに悟らずんばあるべからず、仏道をひた走りに走るのみです。

ただし、一身の事は置いて論ぜず。わが生々世々の間、仏説いて言く、「大地に、汝等、長夜に無量の生死の苦を受けざる処あることなし。一人一劫に受けしところの身骨爛壊《しんこつらんえ》せずんば、その聚《あつま》れる量は王舎城の側《ほとり》の広博脇山に斉《ひと》しからん。飲むところの乳汁は四大海の水のごとくならん。身より出すところの血、また愛別離に泣くところの涙は四大海よりも多し。大地の草木を悉《ことごと》く斬りて算となし、以て父母を数うとも、また尽すべからず。無量劫より来《このかた》、あるいは地獄に在り、あるいは畜生に在り、あるいは餓鬼に在って、受けしところの行苦は称《あ》げて計うべからず」。かくのごとく思惟して、夙夜《しゅくや》に懈《おこた》ることなかれ。哀しいかな、すでに生々世々の間、父母あり親族あり師長あり同法あり、皆これ具縛《ぐばく》の凡夫なり、底下《ていげ》の異生なり。彼別れて後ふたたび見えず。今いかなる処に在って、いかなる生を受けたるや。我すでに悪世に生じて、済度《さいど》するに力なし。神通なきが故に、これを知らず。慧眼盲いたるが故に、これを見ることなし。

我等は生死の広海に没在し、六趣に輪廻して、出づる期あることなし。然る間、あるいは父母となり、あるいは男女となって、多生曠劫に互いに恩愛を結べり。一切の男女は皆、生々の父母なれども、生を隔つるが故に覚ることなし。あらゆる畜類は、これ世々の親族なれども、質《すがた》改まる故に悉く忘れたり。過去現在の恩徳の一塵も未だ報ぜずば、未来無窮の生死に自他ともに没する者なり。いかにいわんや、八万四千の毛孔《もうく》、一戸に九億の虫類あり。我に属して沈淪して出離の期を知らず。我もし浮むことあらば、彼もまた浮むべし。その面々の迷いを思うごとに、ただわが念々の肝を摧《くだ》く、また冥衆、我を照したもう。彼の悲しみ幾許ぞ。恥ずべし、痛むべし、悟らずんばあるべからず。

この一段では、「ただし、一身の事は置いて論ぜず」と述べて、過去の一劫という長大な時間を視野に入れ、その間のわが生々世々について、仏説を引きながら思いを深めています。一劫の「劫」は、サンスクリット語カルパ（kalpa）の音写「劫波《こうは》」の略で、長時を意味します。それがどんなに長大なものであるかは、古来、芥子《けし》劫や磐石《ばんじゃく》劫の喩えで示されます。このなか、芥子劫は、一辺が四〇里ないし一二〇里ほどもある巨大な枡に芥子粒を充満させ、それを三年に一粒取り出し、終に芥子が無くなる時間だといい、また、磐石劫とは、同じく巨大な岩塊に三年に一度天人が舞い降り、その天衣で撫でて、終にその巨石が摩滅してしまう時間――、それが一劫だと説かれます。

私たちは、六趣に輪廻し生死をくり返しながら、そうした長大な時間を経て、今生に至ったのだというのが仏教の見解で、仏説はそれを示しています。この仏説は『涅槃経』の取意引用ですが、その要約としては、むしろ、貞慶自身の「我等は生死の広海に没在し、六趣に輪廻して、出づる期あることなし」以下の文章に過不足なく述べられています。もはや、重ねての説明は不要かと思います。

ただ、「彼別れて後ふたたび見えず。今いかなる処に在って、いかなる生を受けたるや。我すでに悪世に生じて、済度するに力なし」といい、また、「過去現在の恩徳の一塵も未だ報ぜずば、未来無窮の生死に自他ともに没する者なり」〔傍点、筆者〕とありますから、前段で示された有情を利すという利他行の志向が、このように要約された考え方の上に展開されるものであることは、注意を要します。つまり、過去や今現に受けている恩に報いることが、有情を利することにつながっているということです。あるいは、イコールだといってもいいかもしれません。そして、そこにまた、「一切衆生」という仏教語も自ずから想起されます。

一切衆生には、いうまでもなく、生きとし生けるものすべてを同じ地平においてみる意味があります。しかし、そうした見方だけを取り出して示せば、何やら理念的なものと受け取られがちですが、そうではなく、その一切衆生が、「多生曠劫に互いに恩愛を結」んだ者同士となれば、もっと深いつながりに根ざしたものとして受け止められるのではないか――。また、そこにおいてこそ、自利利他という「二利の行業」を成ずることができるのだと思います。

なお、仏説の中に出てくる四大海とは、古代インドの宇宙観によるもので、世界の中心にある須弥山のまわりにひろがる大海のことです。もう少しくわしくいえば、須弥山の四方に四洲（四つの大陸）があり、それらの四洲を取り囲むようにして広がっているのが、いまの四大海です。したがって、「四大海の水のごとし」や「四大海よりも多し」は、膨大な量を喩えているわけです。ちなみに、この四大海をぐるりと取り囲んでいる連峰が小鉄囲山、さらにその外側の大鉄囲山との間には、九山八海という幾つもの山海が展開している――。これが、古代インドの世界観で、その中の大陸とは、東勝身《とうしょうしん》洲・南贍部《なんせんぶ》洲・西牛貨《さいごけ》洲・北倶盧《ほっくる》洲の四つです

（『倶舎論』世間品）。このなか、仏教を生んだインドなどがあるのが南贍部洲で、その大陸の周辺に粟を散らしたように位置するのが日本だという地理感覚です。『愚迷発心集』の冒頭に、「粟散《ぞくさん》扶《ふ》桑《そう》の小国に住して」とか「今また五濁乱慢の辺土に来れり」（前編2　釈尊在世に漏れる）とあるのが、それです。

　この後、貞慶は一転して、自分の体内にいるという九億の虫類に注目しています。つまり、この私が生死輪廻に沈淪するかぎり、彼らもまた、苦の世界を離脱することができないのだと考え、「その面々の迷いを思」っては「わが念々の肝を摧く」のだと述べています。「肝を摧く」とは、あれこれ心が乱れ苦しむ、精一杯あれこれ考える、心を砕く意味ですから、この心境は尋常ではありません。「我もし浮むことあれば、彼もまた浮むべし」とは、この自分が仏道を求め、それをきわめたならば、九億の虫類を利することにもなるというのですから、まさにこれは、先にみた二利の行業を成ずることに他なりません。これはもう、『愚迷発心集』の冒頭の、

　――……仏前仏後の中間に生れて出離解脱の因縁もなく、粟散扶桑の小国に住して上求下化の修行も闕けたり。悲しみても、また悲しきは、在世に漏れたるの悲しみなり。恨みても、さらに恨めしきは、苦海に沈めるの恨みなり。

などという文章とくらべても、まさに雲泥の差です。

ところで、この後、貞慶が「また冥衆、我を照したもう」と、実にきっぱりと述べているのは実に印象的です。これは、『愚迷発心集』の前半で述べられた「自ら人目を慎むといえども、まったく冥の照覧を忘れぬ」（前編7　神仏の視線）の文言、あるいは、「仏菩薩の影の形に随うがごとくに照見を垂れたもうをも慚じず、倶生神の左右の肩に在って善悪を記するをも顧みず」（前編8　空しく日を過す）の告白と対比させて、深く味わうべきものだと思います。

さて、そのように神仏の視線を大きく実感したならば、「朦々緩々として昨も過ぎ今日も過ぎぬ」の日常は、まさに「悲しいかな、痛ましいかな」（同）といわざるを得ませんが、ここに改めて「恥ずべし、痛むべし」と語られるゆえんです。そして、もうそこまでいけば、「悟らずんばあるべからず」という他はありません。――この貞慶の決定した気持ちは、もはや、不動・不退のものだと断言してよいのかもしれません。

なお、「八万四千の毛孔、一戸に九億の虫類あり」の「一戸」が、「一尸」になっているテキストがあります。「尸」は屍の意味ですから誤記だと思います。ちなみに、食作法には、次のような「蟲食偈」があります。

我身中有八万戸　わが身中に八万の戸あり
一一各有九億蟲　その一つひとつにおのおの九億の蟲あり
済彼身命受信施　彼の身命を済うために信施を受く
我成仏時先度汝　わが成仏の時、先ず汝を度せんこのなか、三・四句に示される利他が、何といってもこの偈の眼目です。八万×九億ですから七十二兆の虫類――体内にいるさまざまな菌と解釈すればいいかもしれません――を救うために食事を受けるのだということです。

8　進んで道心を請う

――仏や菩薩とは、愛と憎しみに迷乱し妄想にいそしむ私たちを救済するためにこそ、大慈大悲の誓願を立てられた方々です。そして、まさにそのために、穢悪充満の私たちの世界に交わるべく、つとに法性《ほっしょう》の都（清浄の仏界）から来ておられます。それを感応《かんのう》利《り》生《しょう》・和光同塵というわけですが、そのことは、心を静めてみればわかることです。そして、それはまた、霊験ある神仏という明白な形で、私たちに示してもおられるのです。そうした三宝神祇は、私たちの身近に容易に見い出すことができますが、それにもかかわらず、そうした神仏に道心の発ることも祈らず、また、もっとも身近に恩愛をうけた父母の頓証菩提をも祈りません。

もちろん、それなりに仏前や社頭に詣でることはあります。しかし、その時でさえ、神仏の世界に大きく寄り添おうという気持ちがほとんど起らないし、形のごとく読経しても、心が落ち着くどころか、雑念が次から次へとわき上がってくるという有様です。仏菩薩の和光同塵という誓願は、まずは結縁《けちえん》の始めだといいますが、そもそも、それはどんなことなのでしょうか。思うに、毒酔迷乱の私たちですから、仏や菩薩が私たちに薬をお授けになるといっても、こんな状況では「手立て」が無いのではないか。自己を深く顧みて、そういわざるを得ません。

　しかし、そういう私たちのことを深く記憶にとどめ、大きく慈愛をそそごうとされることが、まさに仏菩薩の本質ですが、また、つねにそういう私たちのために分け隔てなく利益を施そうとされておられます。そのことを仏陀は、「等しく衆生をみること、一子をみるごとし」と説いておられます。そこで改めて、その施そうとされる利益とは何かということを考えてみるならば、それはもう、道心をおいて他にはありません。私たちをして一途に仏道を歩もうとする心を発さしめる、それこそが仏や菩薩の真正の利益にちがいありません。そして、ふつう世間で取りざたされる数々のいわゆる御利益は、すべてこの「道心を発すこと」に至らしめる手立てなのだと思います。

　ここに至れば、もはや、その道心を請うのみです。私は進んで道心の発ることを神仏に祈請します。仏菩薩の大悲心と、この私の気持ちとがもし一致するならば、どうして効験がないといえましょう。この思いを受け止めていただけないというのであれば、誰が大悲の誓願を仰ぐでしょうか。しかし、問題は、この私の思いです。それが真実に欠けておれば話になりませんが、真実であれば、それは大悲心に相応しますから、利益を被ることができると確信します。仏法は、自利と利他の実践が大事ですが、その要諦はただ、一念の発心にあるといえるのではないかと思います。そして、道心を発せば、その清正な気分（種子）が心の深みに植えつけられ、それが縁となって、いずれは仏道も成就されていくのではないでしょうか。

もとより、仏道の成就は簡単なことではありません。否、むしろ、きわめて長大な時を要するでしょうが、それもまた、仏や菩薩の大悲を被りながらの、思えば、何と心丈夫な道行です。いうまでもなく、神仏はその大悲心によって、ひたすら生きとし生けるものを大いなるやすらぎの世界に導こうと誓われたのであり、愚迷な私たちをも当然のごとく、一子の中に加えて下さっているのだと確信します。そうした仏菩薩の誓願に誤りがなければ、いうところの利益を疑うことなぞ、どうしてできるでしょうか。

彼の仏菩薩は、五濁《ごじょく》の我等を救わんがため、もっぱら大慈大悲の誓願を催されて、彼の法性の都の中より出て、忝くも穢悪充満のこの土に雑《まじわ》りたもう。感応利生は、眼に遮り耳に満てり。霊神験仏、此に在り彼《かしこ》に在れども、発《おこ》すべき一念の道心をも請わず、訪うべき二親の菩提をも祈らず。たとい彼の霊壇に望めども、ほとんど真実の信心を起すことなし。纔《わず》かに念誦を翹《くわだ》つといえども、掉挙《じょうこ》しばしば競い起る。和光同塵の本願は結縁の始め、それ何ぞ。毒酔迷乱の我等、薬を授くるに便りなし。ただし菩薩は、我等を念い愛すること骨髄に徹す、つねに利益せんと欲うこと、猶《なお》し一子のごとし。その利益とは何事ぞ、いわゆる道心これなり。世間浅近《せんごん》の益は、皆このための方便なり。

我、進んで道心を請う。能所《のうしょ》もし相応せば、何ぞその験《しるし》なからん。納受これなくば、誰か大悲の願を仰がん。もし誠なき時は、感応随ってなし。もし誠ある時は、利益何ぞ空しからんや。彼の二利の要義を思うに、ただ一念の発心にあり。そもそも仏種は縁より起る、縁は即ち発心熏修の縁なり。覚悟は時を待ちて熟す、時はまた大聖加被《だいしょうかひ》の時なり。いかにいわんや、仏陀神明の大悲は、ひとえに群生を度《ど》さんと誓いたもうなり。妄想顚倒《てんどう》の我等、すでに一子の数に入れり。誓願もし誤ることなくば、利益何ぞ疑いあらんや。

貞慶はこれまで、まことに真摯な自己凝視を重ねてきたのですが、そうした中で、いっそう強く意識したのは、おそらく、神仏の視線（冥の照覧、冥の照見）であったと思います。前段末に、「また冥衆、我を照したもう」と明確に認められたことが、それを示しています。そして、そうした視線が、すでに自分の有体をことごとく見透かしているのであれば、もはや、神仏に隠し立ては通用しない――。この思いこそ、苦痛や気分の悪さ、そして、やるせなさをともなう自己凝視をあいまいに終息させず、「然れども」「然れども」「しかのみならず」と、ここまで継続し得た原動力だったのだと思います。そして、いままでの自己凝視の一切をたばねて、緩慢な日常を離脱すべく、ついに「悟らずんばあるべからず」（前段末）と言い切られたのです。

しかし、そう言い切っても、過去の習慣性に立脚する自己であることには変りがありません。そこで、神仏への祈請の一文を擱筆するにあたって、もう一度、自己の現況に眼を向けておかねばならない——。それがこの一段の意味なのだと思います。しばしば「わが心憑み難し」「自心頼み難し」と述べられる解脱上人貞慶の存念のしからしむるところでしょう。前出の次の文章を読み返してみたいと思います。ほとんど同工といえる文言です（後編3　夢中の名利）。

——たまたま道場に望み、罪垢を心水に洗がんと欲すれば、散乱の浪たちまちに動いて、一塵をも未だ清からず。希に尊容に向いて、迷闇を覚月に照さんと欲すれば、煩悩の雲厚く覆いて長夜なお深し。妄心の迷いは往昔の串習なれば、僅かに起るとも、いよいよ盛んなり。菩提の道は今新たなる行業なれば、励むといえども速やかに忘れぬ。手には念珠を廻るといえども、数と余念と相乱る。口には宝号を唱うといえども、心と脣舌と調わず。纔かに勤むるところは、すでに以て実なし。値い難き法に値うといえども、急く功を終ることに嬾くして、急ぎ已っては、いかなる所作ぞ。ただひとえに世務の計なり。世務はこれ何の要ぞ。夢中の名利のためなり。

ただ、この段では、直前の「一切の男女は皆、生々の父母なれども、生を隔つるが故に覚ることなし。あらゆる畜類は、これ世々の親族なれども、質改まるが故に悉く忘れたり。過去現在の恩徳の一塵も未だ報ぜずば、未来無窮の生死に自他ともに没する者なり」をうけて、実の二親の菩提について言及し、それさえ、どうかすると祈らないではないかと述べ、また、心の乱れについては、具体的に「掉挙《じょうこ》」という随煩悩の作用に注目しています。掉挙とは、心を異常に浮き立たせて平静さや集中性を欠如させる心作用です。いかにも、五十一心所という心作用リストを教説にもつ唯識仏教を立場とする貞慶らしい具体的な指摘です。そして、問題の「発心」については、せっかく「法性の都の中より出て、忝くも穢悪充満のこの土に雑りたもう」仏菩薩に、――どうか道心が発りますように、と祈請することもしないのだ、と自己の姿をもう一度露にしています。「自心頼み難し」とはいえ、自己の有体をあいまいにしておいては、何ごとも始まらないのだという貞慶の存念が、実にはっきりと窺うことができるように思います。

さて、本段では、いわゆる和光同塵・感応利生のことが言及されています。仏菩薩が私たちの世界に雑《まじわ》ってこられる――、それが結縁の始めだとしても、私たちの毒酔迷乱の状況があまりにもひどいので、これでは、仏や菩薩といえども、救いの手をさしのべることができないのではないか、とあります。これはつまり、それほどの毒酔迷乱の中に自分は埋没している、ということでしょう。『愚迷発心集』の冒頭に取り上げられた「毒気深入の輩」「為毒所中の類」の言葉が思い出されます。――自分はそれほどの、どうしようもない人間だ、という思いですが、貞慶は同時に、『涅槃経』第一章寿命品の「等しく衆生を観ること、一子を視るがごとし」(大正蔵一二・三六六・b)、また、『法華経』第三章譬喩品の「今、この三界は皆、これ、わが有《う》なり。その中の衆生は悉くこれ吾が子なり。しかも、今、この処は諸の患難《げんなん》多く、唯、われ、一人のみ能く救護をなすなり」(岩波文庫・上巻・一九八頁)の経文を想起してもいるようです。そして、毒酔迷乱の人間をも除外せず、等しく利益を施そうとされる――、そのことこそが仏菩薩の本質であることに改めて大きく気づき、一気に「その利益とは何事ぞ、いわゆる道心これなり。世間浅近の益は、皆このための方便なり」と筆を走らせています。

「道心」とはいうまでもなく、仏の世界を求めてひたすら歩んでいこうとする心で、私たちをしてその心を発さしめること、その結果、私たちが発心することこそが、仏や菩薩の利益だということです。そして、その他の利益は「世間浅近の益」で、「道心」への方便なのだとあります。つまり、世間浅近の現世利益に満足していてはダメで、それを超えた「道心」という利益こそ祈請しなければならない――。貞慶の思いは、ここに定ったのです。

そこで、「我、進んで道心を請う」決意を明示しているわけですが、同時に、「能所もし相応せば、何ぞ験なからん」と述べて、その祈請が、事と次第でどう展開するものなのか、あらかじめ見定めておこうとしているようです。「能所」とは、「能度《のうど》の仏・所化《しょけ》の衆生」のことです。つまり、仏菩薩が私たちに、真の道心が発るように働きかけ、私たちがその働きかけに応ずるところに、「道心」が発っていくのだという確認です。これを「感応道交」といいます。「能度の仏」とは仏の救済ということで、「度」は、私たちを此岸（苦の世界）から彼岸（真如法性の世界）へ渡す意味です。一方、「所化の衆生」とは、衆生は仏の救済の対象だということです。この両者が、しかし、相応しなければならないということは注意を要します。相応とは、「かなう・つりあう・一致する」ことで、能・所が相応した時、感応道交が成り立つわけです。

つまり、私たちが神仏の働きかけに相応する状況であるかどうか――、それが問題だということです。その要点をいえば、一つはやはり「冥の照覧」の意識だと思います。神仏の視線を強く意識し、絶えず神仏に見守られているという思いの中に道交が成熟していく。そして、もう一つは、真摯な自己凝視による自己の有体を見つめるということでしょう。すでに述べたように、これらは密接に連動しているのですが、実にこれらの深まりこそ、仏菩薩の大悲誓願に相応するものだと思います。

いずれにせよ、仏道の要諦は「ただ一念の発心にあり。そもそも仏種は縁より起る、縁は即ち発心熏修の縁なり」と述べられているように、発心そのものが阿頼耶識を激発《げきほつ》し、それが縁となって心の深みに眠る仏種（仏果を生ずる種子）も目ざめていくという道筋が明確にされています。そして、それを発端として、長い仏道修行が始まるのですが、長大な時間だからといって、何もウンザリすることはない——。なぜなら、「覚悟は時を待ちて熟す、時はまた大聖加被の時なり」と指摘されるように、神仏の加被力《かひりき》による大悲の風光の中を、私たちはただひたすら歩めばいいからです。

加被は、仏や菩薩の力を衆生に加え被らせて利益を与えることで、神仏の大悲とは、その加被力を普く衆生に与えることです。そのことを、貞慶が「ひとえに群生を度さんと誓いたもうなり」と述べ、かつ、「妄想顚倒の我等、すでに一子の数に入れり」と大きく確信していることは、注目に値します。妄想顚倒とは、この場合、これまでの自己凝視によって露になった状況のすべてを集約したものでしょう。その意味で、読み流しできない一句ですが、そういう妄想顚倒の私たちであっても（とりわけ、この私さえも）、神仏は「すでに一子の数に入れ」ておられるのだというのです。

その一子の中に自分が入っているという意識あるいは自覚は重要です。『愚迷発心集』の冒頭、しきりに「照于東方万八千土の光にも隠れ、従阿鼻獄上至有頂の益にも漏れたり」とか「在世に漏れたるの悲しみ」、あるいは、「独り如来の出世に漏れたり」というフレーズが用いられていたのとは、もはや、雲泥の相違です。

しかし、それにしても、前段から本段にかけて、「利益」やそれに類する語が多用されていることは、注意しなければならないと思います。「利益」とは「他を益する」ことで、この場合、主語はもとより神仏であり、また、利益イコール道心ですから、利益や験あるいは道心といった言葉遣いには、すでに仏菩薩への意識が大きく働いているとみるべきで、そうした意識こそ、大悲心に相応するものだと考えられるからです。

なお、「妄想顚倒の我等、すでに一子の数に入れり」が、「さらに一子の数に入れたまふなり」になっているテキストがあります。どちらを採るかですが、「すでに……」は、気づけば、もうとっくに入っているのであり、問題はつねに私たちの側にある——というニュアンスでしょうか。そうであれば、相応の問題との関連で、底本（長実房英俊旧蔵本）の「すでに」の方がいいのではないかと思います。

9　おわりに

――ここに、神仏に心をこめて祈請いたします。どうか私の愚意を悲しみあわれんで、道心を発さしめて下さいまし。この一事で、万事はすべて事足りるのです。ここで改めてまわりを見渡しますと、有り難いことに、心を同じくする人たちがいます。私はその同法の芳友たちと語り合おうと思います。それは、このようなことです。「そもそも愛と憎しみがわが心を悩ますといいますが、それは、生死輪廻の禁獄につながれて、そこから離脱できないでいるためです。仏陀が私たちに勧めておられるのは、むろん、そんな状況を無意味に繰り返すことではなく、私たちを浄土へと導く、その指南ではないですか。さあ、無常な恩愛なぞ手放してしまい、むしろ、清浄なる菩薩衆と親しみ、堅固の契約を忘れず、どこまでも自利利他平等の二利行願にのみ意を用いましょう。

また、仏法に契った者同士、つねに親しく互いに助け合って仏道成就を期し、永遠に仏法を志して、協同して善事を営もうではありませんか。そして、人がもし先に仏道をきわめたならば、まさにその人の導きを受け入れ、また、私が先に仏の世界に至り得たならば、必ずこれら親しき人々のために心を砕きたいと思います。人々がもし地獄・餓鬼・畜生という劣悪な環境に堕ちたり、あるいは、人・天の世界でさまざまな欲にからみ捕られたならば、よりよき環境に導き、かつ、生死輪廻から離脱できるよう手助けしたいと思います。いずれにせよ、有縁無縁・親疎を問わず、利他行に心を潜めるのみです」と。

仰ぎ願わくは、三宝神祇、愚意を哀愍《あいみん》して道心を発さしめたまえ。一要もし成就せば、万事みな足りぬべきのみ。ここにおいて、同心の芳友相《あい》議して云く、「そもそも恩愛の心肝を悩ますは、皆これ生死禁獄の繋縛《けばく》のためなり。仏陀の我等を勧むるは、むしろまた彼《ひ》岸引摂《がんいんじょう》の指南にあらずや。去来《いざや》、無常の恩愛を別離して不退の聖衆を友とし、堅固の契約を忘れずして、未来際を尽して限りとせん。つねに親友となって互いに仏道を助け、鎮《とこしな》えに法器となりて同じく善事を営まん。人もし進んで往生を遂ぐることあらば、まさに彼の引摂を蒙るべし。我もし先だって往生を遂ぐることあらば、必ず引導を施さん。もし三途の苦難に堕し、もし人天の欲境に着《じゃく》せば、この人を助けて善趣の身となし、この人を導いて出世の門に入れん。乃至《ないし》、有縁無縁、現界他界、親しきより疎《うと》きに至り、近きより遠きに及んで、面々の恩所、一々に利益せんのみ」。

『愚迷発心集』を擱筆するにあたって、解脱上人貞慶は、「仰ぎ願わくは……」と心をこめて三宝神祇に向拝しています。その「三宝神祇」は、いうまでもなく冒頭の「十方法界の一切の三宝、日本国中の大小の神祇等」ですが、そうした神仏に、前段でまず「我、進んで道心を請う」と決意を開陳し、ここに至って、ついに「愚意を哀愍して道心を発さしめたまえ」と至心祈請されたのです。

しかも、この道心を発すという一事が成就したならば、「万事みな足りぬべきのみ」という並々ならぬ思いが添えられています。これが、この祈請の尊いところだと思います。これは当然、前段の「彼の二利の要義を思うに、ただ一念の発心にあり」とも呼応しているでしょう。

果たして、この段では、貞慶が菩薩たる自覚の下に、仏道を歩もうとしていることが高らかに述べられています。自利利他の二利実践は、大乗菩薩道つまり仏道そのものであってみれば、当然の成り行きです。

菩薩行の実践は、ここでは「同心の芳友の相議」という形で示されていますが、その精神は、回向文としてよく知られている、

願以此功徳　願わくは、この功徳を以て
普及於一切　普く一切に及ぼし
我等与衆生　我等と衆生と
皆共成仏道　皆共に仏道を成ぜんことを

の四句に凝縮して示されています（『法華経』化城喩品）。

なお、「堅固の契約」と、次段の「この契約」とは、「同心の芳友相議」すところの条々ですが、これはもとより、前出の「然ればすなわち、今日より始めて未来際に至るまで、いやしくもわが身命を以て恭しく仏法僧に抛ちて、以て仏道を求め、以て有情を利せん」（後編6　今日より始める）の一文を敷衍《ふえん》したものでありましょう。

＊

――以上、私は自己の迷妄な日常をできるかぎり露にしてきました。その朦々緩々としたさまを思えば、涙は止まりません。しかし、自分の愚迷やその愚迷による苦しみや憂いを自覚するほどに、「冥の照覧」ということが強く意識され、また、そうした苦しみや憂い、あるいは、悲しみを取り除こうとされる仏菩薩の大悲心が大きくしのばれます。この大悲の加被を見い出した喜びは計り知れません。今、悲しみや憂いの涙の上に、喜びの涙があふれ、滂沱《ぼうだ》として流れ落ちます。

ここで、改めて三宝に申し上げます。それは先の契約とは、今生は命尽きるまで、そして、未来は終に仏道成就するまで、ということです。しかるに、わが心の迷妄さは往昔からの習い性であり、なお憑み難いところがありますから、この趣旨に違反して、つい仏道の深遠さにたじろいで挫折してしまうかもしれません。その時は、この契約をよくよく守って、挫折してしまいそうな心を励まそうと思います。

しかし、この趣旨をまったく顧みない場合は、せっかくの本意も失って、仏の世界へ往生することができないと心得ております。仏や菩薩また神々に伏してお願い申し上げます。どうか、この道心の発ることを祈請する決意をご承知おきくださり、かつ、大悲の加被力を明らかにしてくださいますよう。右、敬って申し上げます。

今、双眼乾くことなくして、同じく随喜を具《とも》にす。落涙袂に盈《み》ちて、したがって三宝に啓せん。この契約においては、今生はすなわち終焉の暮《ゆうべ》を際《かぎり》とし、未来はまた証覚《しょうがく》の朝《あした》を期《ご》とせん。しかるに、我等もしこの旨に違え、いささか退屈を生じ、小事に拘《かかわ》って大要を怠ることあらば、よくよくこの状を守って、彼の心を励ますべし。なお強いてこの語《ことば》に随わずんば、永く本意を失い往生を遂げざらん。伏して乞う、冥衆、知見証明したまえ。よって結ぶところ右のごとし。敬って白す。

これが、『愚迷発心集』の最後の一段です。もとより冒頭の一節と大きく呼応しており、「今、双眼乾くことなくして」とは、とりあえず、「敬って、十方法界の一切の三宝、日本国中の大小の神祇等に白して言さく。弟子五更に眠り寤めて、寂寞たる床の上に双眼に涙を浮べて、つらつら思い連ぬることあり」と認められたその涙でしょう。

しかし、「然れども」「然れども」「しかのみならず」と自己凝視を重ねてきて明らかになったのは、さらに涙なしでは語れぬ自己の状況とともに、「冥の照覧」ということでした。神仏の大悲の視線というものが、この自分にも注がれている――。あるいは、仏陀神明に見守られている自己――。それを改めて自覚した喜びは、自ずから涙を催したはずです。

その喜びの涙と自己凝視の涙とが重なり合って、「落涙袂に盈ち」たのです。この時、貞慶の心の表面は、「信」の心所によって占められ、文字通り、透徹した心境であったと思われます。「信」とは、真理や真実というものに身も心も大きく委ね切っていこうとする心のはたらきです。そして、ここでもう一度、先の契約を確認され、「今生はすなわち終焉の暮を際とし、未来はまた証覚の朝を期とせん」と述べておられるのは、尊いという他ありません。

こうした度重なる確認は、執拗に過ぎるのかもしれませんが、「尽未来際（未来際を尽くすまで）」の心意気を重ねて神仏と自己自身とに明らかにすることによって、ともすれば萌芽する退屈心を強く牽制しているのだと思います。ここに、露になった自己の状況を見つめる貞慶の眼のきびしさ、あるいは、冷静さが見受けられます。

少しでも油断しようものなら、固い決意さえもまた、気がつけば過去の習慣性の中に掻き消されてしまう——。それが、「いささか退屈を生じ、小事に拘って大要を怠る」です。「わが心なお憑み難し」「自心頼み難し」といわざるを得ない貞慶の存念からすれば、こうした確認作業が、「退屈心」を励ますことにつながっていくのでしょう。

なお、この「退屈」とは先にみたように、退き屈する心のことです。こうした退屈心は、仏道のごく初めに起るといわれ、『成唯識論』によれば、次の三種があると考えられています（三退屈）。

1　「菩提は広大深遠なものだ」と聞いて起す、菩提広大屈
2　「布施等の波羅蜜多は甚だ実践しがたい」と聞いて起す、万行難修屈
3　「二転依《てんね》の妙果は証しがたい」と聞いて起す、転依難証屈

この中、二転依の妙果とは、私たちがもっている煩悩障と所知障という二つの問題点（仏道の障害）を断ったところにあらわれる「涅槃《ねはん》（心のやすらぎ）」と「菩提（覚の智慧）」という結果のことです。これらがいわゆる覚の内容ですが、これをわかりやすく図示すれば、次のようになります。

二障
- 煩悩障＝我執（自我に対する執着）を断つ→涅槃
- 所知障＝法執（ものに対する執着）を断つ→菩提

二転依

こうした退屈ということを、ここでは、布施行で起す万行難修屈で考えてみることにします。仏教の布施は「三輪清浄の布施」が有名ですが、施す側の要点だけをいえば、乞われるものは何でも施し、そのことを後に引きずらないということです。つまり、差し上げたら、差し上げっぱなしです。そこですでに宗教的には完結している。つまり、差し上げたものが、どのように扱われようがかかわらないというのが、仏教の施しです。これについて、釈尊の弟子のなか目連とともに二大上首といわれた舎利弗《しゃりほつ》が布施行を断念したというエピソードがあります（『大智度論』）。

布施行を実践する舎利弗のところに意地悪な異教徒がやってきて、布施を行じているのであれば、お前の眼がほしいので施してもらいたいと乞うたのです。目玉をくりぬいても何の役にも立ちませんから、舎利弗は他のものを施そうとしたのですが、その異教徒は承知しません。それで、舎利弗は仕方なく片方の目玉を施しましたが、それを受け取るや、異教徒は地面に投げすて足で踏んづけたのです。それを見た片目の舎利弗は、「何ということを――」と一瞬怒りの心を起したらしいのです。つまり、施したものがどのようになろうが、かかわらないというのが仏教の布施ですから、怒りの心を起した時点で、舎利弗の布施行は不成立になったというのです。このように、仏教の布施は、厳密にいえば実に難しい――。そこで、自分にはとてもできないと思って、仏教への関心も示さなくなってしまうのが、万行難修屈です。

もとより、そうした退屈心を励まさなければならず、「よくよくこの状を守って、彼の心を励ますべし」と述べていますが、貞慶が常に座右に置いた『成唯識論』では、三退屈に対応して、次のように三練磨ということが説かれています。

1　すでに菩提を証した人を思って、自心を練磨する。

2　初心に立ち返って、自心を励ます。

3　ちょっとした善行でも良い結果をもたらすのだから、二障を断つことがすばらしい結果を招かぬはずはないと、大きく思いをかき立てて自心を練磨し、果敢に菩薩道・仏道を歩む。

この中、すでに菩提を証した人とは、釈尊その人のことです。諸仏諸菩薩の存在を説く仏教ですが、そうしたなか、釈尊こそ解脱上人貞慶にとって本師だということは、すでに冒頭に明示されていました。『梁塵秘抄』の「仏も昔は人なりき、我等も終には仏なり、三身仏性具せる身と、知らざりけるこそあはれなれ」の今様が、自ずから想起されます。それはともかく、唯識の教えが、「練磨自心、勇猛不退（自心を練磨し、勇猛にして退せず）」という言葉を三度にわたって示し、ともすれば退屈しがちな私たちの気持ちを激励していることを、強く記憶に留めたいと思います。

なお、末尾の「冥衆、知見証明したまえ」とは、――どうか、私たちをお見守りいただき、そして、仏の世界のすばらしさを明らかにお示しくださいますように、ということです。道心の発ることを祈請し、かつ、契約の条々を守って、これから真の仏道を歩もうとする者たちを知見し、また、そういう自分と芳友たちに大悲の加被・利益のさまを明らかにしてくださることを、至心に神仏に祈請して、貞慶はようやく擱筆されたのです。

以上、『愚迷発心集』の本文を拝読しました。著作としては小品ですが、全編に真摯な自己凝視がみなぎっており、それによって露《あらわ》になった貞慶の有体がきわめて的確な表現で示されています。私たちはそれを、私たち自身の現況そのものとして読まざるを得ませんでした。講読の中で述べたことですが、私たちもまた、何ほどかの自己凝視を試みるのです。しかし、それによってえぐりだされる露な自己のおぞましさに耐えられず、せっかくの自己省察も序の口で放棄してしまいます。それが、貞慶の深くきびしい自己凝視によって、ともかくも自己の偽らざる姿をいささかなりとも意識することができたことは、まことに幸いでした。

そして、ここまで来たのですから、私たちはこれをさらに縦横に読みこみ、自己の有体を明らかにしながら仏の世界を求めていきたいと思います。なお、「冥の照覧」ということが、この『愚迷発心集』を読み解くキーワードの一つだと指摘しましたが、人知れぬ秘めた意業にさえ、神仏の視線が注がれていることを思えば、もはや、隠し立てはかなわないというべきです。人はごまかすことができます。誤解を恐れずにいえば、それはある意味で容易です。

しかし、阿頼耶識という心の深みをもつ自分自身はごまかせない――。それは、阿頼耶識が自己の行為行動の数々、体験経験の数々、密かな思いの数々を間髪入れず記録し保存するからですが、その心の深みと仏の世界とが、どこかで通底している。言い換えれば、人間の中に人間を超えたものがある――。その人間を超えたものを思う中に、自ずから自己凝視の深化もあるのだと思います。これで、『愚迷発心集』を読了します。

『愚迷発心集』本文（書下し）

〔前編〕

一　はじめに

敬って、十方法界の一切の三宝、日本国中の大小の神祇等に白して言さく。弟子五更に睡り寤めて、寂寞たる床の上に、双眼に涙を浮べて、つらつら思い連ぬることあり。

その所以いかんとなれば、夫れ、無始輪転の以降、此に死し彼に生ずるの間、ある時は鎮えに三途八難の悪趣に堕し、苦患に礙えられて、すでに発心の謀を失い、ある時はたまたま人中天上の善果を感ずれども、顚倒迷謬して未だ解脱の種を殖えず。先生また先生、すべて生々の前を知らず、来世なお来世、まったく世々の終を弁うることなし。つねに地獄に処ること園観に遊ぶがごとく、余の悪道に在ること己が舎宅のごとし。我、いかなる処より来り、また去っていかなる身をか受けけん。親しきに付け疎きに付け、皆、今生に始めて見る人なり。神と云い仏と云い、またこのたび纔かに知る者なり。

2　釈尊在世に漏れる

彼の弟子が本師釈迦牟尼如来、昔霊鷲山に在せしの時は、十方所有の群生、恣にその益を蒙れりといえども、三界輪廻の我等、その時いかなる処にか在りけん。黄金端正の聖容は、五濁の悪世に出でたまいしかども、慧眼早く盲いて、まったくこれを見ざりき。迦陵頻伽の音声は、三千世界に響きしかども、天耳すでに聾いて、すべてこれを聞くことなし。照于東方万八千土の光にも隠れ、従阿鼻獄上至有頂の益にも漏れたり。遂にして、化縁すでに尽きて竜顔永く金棺の底に入り、荼毘の時に至って聖容たちまち栴檀の煙と昇りたまいしより以来、毒気深入の輩、擣簁和合の薬をも知らず。為毒所中の類、好色香薬の教をも守ることなし。闇の中にいよいよ闇を重ね、夢の上になお夢を見る。驚くべきの法王の音は永く絶えて、鷲峰山の暮の嵐のみ孤り冷まじく、照らすべきの慈尊の月は未だ出でずして、鶏頭城の暁の空なお遙かなり。仏前仏後の中間に生れて出離解脱の因縁もなく、粟散扶桑の小国に住して上求下化の修行も闕けたり。悲しみても、また悲しきは、在世に漏れたるの悲しみなり。恨みても、さらに恨めしきは、苦海に沈めるの恨みなり。いかにいわんや、曠劫より以来今日に至るまで、惑業深重にしてすでに十方恒沙の仏国に嫌われ、罪障なお厚くして今また五濁乱慢の辺土に来れり。

3　釈尊の教えと自己

ああ、八相成道の昔は、独り如来の出世に漏れたりといえども、二千余年の今、僅かに慈父の遺誡を聞くことを得たり。宝聚の山の間に望まざるに自ずから入るなり、貧匱の家の中に取らずして後に悔いんや。受け難くして移り易きは人身なり。値い難くして希に得るは仏法なり。まさにいかなる行業を以てか、今生の思い出となすべき。これを黙止せば、なんぞ大利を失せざらんや。いわんや一たび悪趣に入り已りなば、曠劫にも出で難しとす。たといまた、人身を受くるとも教法に値わんこと、もっとも難し。早く万事を抛ちて、まさに一心に励むべし。実にこのたびにあらずば、始めて企てんこと、いずれの時ぞや。

4　すべては移ろいゆく

なかんずく、時遷り質改まりて、百年の齢ようやく闌け、春往き秋来りて、三途の郷すでに近し。初中後年に何の貯うるところかある。命はすなわち日に随って促まる。身口意の業に造るところは、多くは罪なり。数はまた時を追って増す。常楽我浄の顚倒と云い、生老病死の転変と云い、片時も廃むことなく億劫にも窮まることなし。いかにいわんや、風葉の身保ち難く、草露の命消え易し。野辺の煙と昇らんこと、今に在るや明に在るや。芒庭の苔に伴わんこと、晨を待つや暮を待つや。南隣に哭し北里に哭す、人を送るの涙未だ尽きず。山下に添え原上に添う、骨を埋むるの土乾くことなし。寒冬の夜の月、孤り影を荒原の骸に留め、連峰の暁の風、纔かに哀しみを塚の側の松に聞く。傷ましいかな、親しく語を交えし芝蘭の友、息止りぬれば遠く送る。哀しいかな、まさしく契りを結びし断金の昵、魂去りぬれば独り悲しむ。啻、春の空に帰るの雁、ほのかに霞の中に音ずれ、僅かに秋の野に鳴く蛬、しきりに籬の下に訪う。すこぶる残るところは筆を染めし跡、たまたま呼ぶところは主を失える名のみなり。

いわんやまた、春の朝に花を翫ぶの人、夕には北芒の風に散り、秋の暮に月に伴いしの輩、暁には東岱の雲に隠る。昔見し人今はなし、ただ、蹤絶えたるの芒屋のみを訪う。今聞く類たちまちに去る、また荒砌の墳墓に埋れぬ。人往きて我は残る、これ、有とやせん有にあらずとやせん。体は去って名のみ留まれり、かれ、夢か夢にあらざるか。一生過ぎ易く、万事実なし。朝の露に異ならず、夕の電に相同じ。燈の消えて後ふたたび見えざるがごとく、魂去りぬる人重ねて来ることなし。豈図りきや、装いを敷ける樹の花、風に化して散り、翠に繭たる庭の芊、霜に遷されて枯るということを。しかのみならず、槿花一晨の栄え夕にはなく、郭公数声の愛みも久しからず。

5 発心の契機

爰に、視聴の触るるところ、しかしながら発心の便りといえども、世事に暇なくして、すべて思い寄すること能わず。そもそも電光いかなる物ぞ、ほのかに燃いてたちまちに滅す。我身幾の程ぞ。有と見れども、いずれへか逝かん。一たび往事を顧みれば、深更の夢、枕の上に空しく、ふたたび将来を想えば、幽冥の路、趺の下に在り。つらつら世間の転変を観ずれば、哀傷の涙袖に余る。静かにこの身の浮生なるを思えば、憂懐の悲しみ肝に銘ず。およそ身の資什の斜めなる質を見れば、用いること幾許の程ぞ。気の出入の僅かに通うことを尋ぬるごとに、保つこと今やその限りならん。いわんや年月の図らざるに遷ること、山水の庭に流るるよりも倏く、身体の覚えずして衰うることは、旧宅の風に向うよりも危なし。いずれの時節に当ってか、青眼永く閉じて再会を隔てんと欲する。またいかなる野の叢に移ってか、白骨新たに曝して塊塵に伴わんと欲する。屠所の羊、今幾か無常の道を歩み、閻魔の使、いずれの時にか朽室の窓に臨まん。電泡の保ち難きの体は旦暮を送るの間、草露の程なきの命は出る日を待つばかりなり。知らず、今の時にや抜精の猛鬼、鉾を捧げて枢の下に来らんと欲することを。弁えず、この日より極重の病苦身に受けて、為んかたなくして死なんと欲することを。いわんや衆病は身に集まる、驚くべし怖るべし。頓死は眼に遮る、顧みずんばあるべからず。この世、豈牢固ならんや、衆縁を以てしばらく成ぜり。我身むしろ堅く執せんや。名字を以て人に仮れり。

たとい楽しむとも楽しみ遂ぐべからず、始めあるものは終りあるが故に。たとい惜しむとも惜しみ終つるべからず、生ずるものは必ず滅するが故に。天主人王の快楽も好ましからず、世々にすでに歴るが故に。胎卵湿化の行苦は悲しむべし、生々のつねの悩みなるが故に。如かじ、ただ水沫の命の未だ消えざるの前に、務ぎて来世の営みを企て、風前の燈のほのかに残れるの程、宜しく険難の路を脱るべし。今生刹那の快楽、実に以て益なし、夢中の困みなるが故に。未来長劫の苦悩、深くこれを厭うべし、迷いの前の憂えなるが故に。明日を期することなかれ、懈怠を好むことなかれ、過去に未だ発心せざるが故に、今生はすでに常没の凡夫たり。今生もし空しく徒に送れば、後世もいよいよ悪趣の異生たらん。豈ただ安然として徒に有り難き日月を送らんや。むしろまた緩慢として、得易きの最要を求めざらんや。

6　来し方行く末

しかのみならず、過去の宿業拙くして、今生すでに卑賤孤独の報を感ずるなり。今生の所行愚かなる故に、未来はまた地獄鬼畜の生を受けんか。いわんや先の因たる戒善の力は、今の身にすでに果しおわんぬ。後生善処の貯えは、望むところ何事ぞや。数十余年の日々の所作は悪業実に多く、百千万億の念々の思惟は妄想至って深し。二利の行願、勤むるところすでに闕けたり。現当の最要、儲くるところ一つもなし。ただ我等が所作は、流転の業にあらずということなし。昨は今日のために営み、また今日は明のために務む。まさにいずれの日いずれの時に、永くこの世を逝らんと欲すべきや。ひとえにこの身のために無量の業を造る、一業の果、無量の劫を送る。六趣に経歴すること、車の庭に旋るがごとく、五欲に耽着すること、膠の草に着くに似たり。悲しいかな、名利の毒薬を幻化の身中に服して、空しく二世を殄さんこと。愚かなるかな、恩愛の繋縛を迷乱の心上に結びて、徒に一期を送らんこと。今生にいささかも制伏の念いなくば、後世の大いなる怨、身に随える影のごとし。

7　神仏の視線

ここにおいて、たまたま小業を翹つといえども、多くは悪縁のために破られ、ほぼ罪障を悲しむといえども、還って恩愛のために忘れられぬ。衆罪は霜露のごとしと説けども、慧日隠れて照らすことなく、諸法は影焔に似たりと聞けども、妄情現じて迷い易し。滅罪生善の志は、心と事と調わず。発心修行の計は、内と外とともに乖けり。無益の語をば囂しくすといえども、出世の事をば談ずることなし。他人の短をば斥し居れども、身の上の過をば顧みず。自ら人目を慎むといえども、まったく冥の照覧を忘れぬ。希に一善を勤むといえども、多くは名聞の思いに穢さる。無常は眼に遮れども、実有の執いよいよ深く、不浄は身に湛うれども、厭離の思いすべてなし。あるいは時節の遷流を歌うといえども、随って命の促まることを顧みず、あるいは日別の所作を始めんと思えども、兼ねてより退屈して企つることなし。この故に、身の堪えたるところ、なおこれを勤めず、心の及ぶところ、多くはこれを怠ることあり。夜はすなわち睡眠のために侵され、昼はまた塵事のために汚さる。秋の夜長し、夜長くして徒に明かし、春の日遅し、日遅くして空しく暮れぬ。自行あえて勤めず、いわんや他人を益するに及ばんや。わが心なお憑み難し、いわんや冥の知見においてをや。

8　空しく日を過す

彼の乞匃非人の門に望むには、賜わずして悪厭せしめ、烏雀犬鼠の食を求めるにも、情を廃てて慈悲もなし。頑蔽無慚にして憍慢起り易く、放逸熾燃にして悪行止め難し。身は生死に処すといえども、未だ生死の源を知らず。心は妄執より起るといえども、また妄執の基を弁えることなし。無明の毒酔は連々たれども、また薬を隔てて醒悟を知らず。愛恚の妄海は眇々たれども、また浪に漂うて船筏を見ず。もっぱら訪うべきの父母の生所をも尋ぬることなく、さらに憐れむべきの親昵の受苦をも知らず。

纔かにわが後生の苦を畏るといえども、なお、あまつさえ三途の業をのみ造る。しばしば彼の悪果の種をば結ぶといえども、未だすべて因果の理を信ぜず、愛別離苦は、見已って還って愛し、怨憎会苦は、覚り已っていよいよ怨む。悪業のためには奴僕となって、劫を経といえども憂えとせず。善根のためには懈怠をいたして、日を送るといえども痛みとせず。ああ、生死の険道は常の栖にして、出ずべき便りを求むることなく、貪愛の繫縛は堅く結びて、解くべきの計を弁えず。あらかじめ見聞を失えるの盲聾に異ならず、あたかも覚知なきの木石に同じかるべし。然る間、仏菩薩の影の形に随うがごとくに照見を垂れたもうをも慚じず、倶生神の左右の肩に在って善悪を記するをも顧みず。朦々緩々として昨も過ぎ今日も過ぎぬ。悲しいかな、痛ましいかな。徒に晩し徒に曙すこと。もし後日を期して勤めざるか、期する日はこれいずれの日ぞや。将、性に任せて緩慢なるか、緩慢はこれ何のためぞや。もし愚癡の至りと思わば、速やかに愚癡を慎むべし。もし懈怠の過に譲らば、何ぞ懈怠を誡めざらん。坐禅の夜の床の上には、罪暗に迷うて通ずることなく、観念の暁の窓には、妄風吹いて静かならず。つらつら心を誡むれば嗚呼するに隙なく、しばしば朦を責むれば涙を拭うに暇あらず。

9　急ぐべきこと

ここを以て、「心外に法有りといわば生死に輪廻す」、歎くべし悲しむべし。「一心のみなりと覚知すれば生死永く棄つ」、信ぜずんばあるべからず。所以に、耿々たる燈の影なお迷いを顕す便りなるべし。蕭々たる風の声まさに心を観ずる基たるべし。急ぎても早く急ぐべきは出離解脱の計、忘れてもなお忘るべきは虚妄実有の謬りなり。すべからく境界に向うごとに、実にこれ夢のごとしと想わば、自ら迷いを除くべし、終には悟りを開くべし。所以に、心を静かにして遙かに当来を想像いやれば、未来無数劫の間、我、まさにいずれの国いずれの処いずれの日いずれの時にか、まさに無上正等正覚を証すべき。しかるに、一如の水、流れを灑いで恣に枯槁の衆生を潤し、二空の月、光を顕し普く長夜の迷情を照さん。

悲しいかな、無上の仏種を備えながら、自と云い他と云い、無始無終の凡夫として、未だすべて出離の期を知らず。身命を雪山に投ぜしの半偈も、眼に当って空しきがごとし。給仕を仙洞に致せしの一乗も、掌に抱きて勇むことなし。曠劫の幸い、身に余ることを弁えず。長夜の迷いに道を失えることを知らず。悪の上に尚し悪を重ねて、徒に春秋を数年に送り、夢より夢に入りて空しく日月を三旬に過せり。悲しみても悲しむべきは、我法の妄執堅く結べること。憂えても憂うべきは、生法の空理遙かに隔たること。これによって流転常没の凡夫たり。これに迷うて出離得脱の路を失えり。聖者と云い凡夫と云い、遠く外に尋ぬべからず。浄土と云い穢土と云い、遙かに境を隔つべからず。我法を空ずるを覚者と称し、我法に着するを愚夫と名づく。所執の境を穢土と称し、如幻の境を浄土と名づく。

〔後編〕

一　名利に惑う

然れども、先生に営まざる故に、今すでに一文の覚悟なきがごとし。今生に企てずんば、いずれの時にか暗に少分の慧解を生ぜんや。いわんや仏法に遇わざるにもあらず、また盲聾に礙えられたるにもあらず。朦を責め志を運して随分に策励せば、何ぞ一塵の得益なからん。この功を始めとして、遂に深広の仏道に進まんこと、豈至要にあらずや。然れども、あるいは身の堪えたるところにあらずと懈り、あるいは心の好むところにあらずと慢す。億劫に一たび説きたまえる釈尊の教法も、ほとんどその詮なきがごとし。あまつさえ仏法を学するの輩は、あるいは惰慢し、あるいは嫉妬し、あるいは嘲哢し、あるいは誹謗す。たといまた学文の志あれども、無上の法宝を費して還って名利の価を募り、甘露の妙薬を嘗めていよいよ煩悩の病を増す。出離の指南は徒に生死の海に沈み、菩提の明月は空しく妄染の雲に隠れぬ。悲しいかな、仏法まさに喉に迫ること。福田まさに渇きなんとするに、智水未だ掬まずば、何によってか善苗を殖えん。法燈永く断えなば、何を以てか迷情を照さん。

2 憑み難き自己

しかのみならず、倒見邪見の惑業は、幻夢の前に起るといえども、実我実法の盛睡は、未だ長夜の中に寤めず。境界はこれ夢の所縁なりと聞けども、同じく夢を夢と知らず。諸法は皆、心の変作なりと説けども、あたかも影に向って憤喜をなすがごとし。なかんずく、宿習は本より薄く、発心すべてなく、妄念は競い起る。出要とは何事ぞ。慭に世間を捨てて、僅かに深山の洞に移るといえども、隠遁はただ名のみあって一行をも守ることなし。猥しく仏を憑むと称すといえども、聖に通ずべきの誠を致さず。たとい教文に向うことありとも、すべて法のごとくならんとするの心を欲うことなし。性罪の闇は深く、戒珠永く光を隠し、遮罪の塵は積もり、法水流れを通ぜず。善は懶く悪は好ましく、名を求め利を貪る。然る間、等閑の言の端には、身の錯りを悲しむといえども、真実の心の底には、その過を改むることなし。たとい随分の勤めありとも、なお以て憑み難し。いわんや、かくのごとくして空しく過ぎ、以後もまた同じかるべくは、我、閻魔の誡めに預り、冥官の責めを蒙らん時は、独り涙を流して悲しむべし。後悔すとも、何の益かあらん。

3　夢中の名利

まことにおもんみれば、無量億歳を過し、受け難き爪上の人身を受くといえども、受けざるよりも拙く、恒沙の塵劫を重ねて、遇い難き優曇の教文に遇うといえども、遇わざるよりも空し。たまたま道場に望み、罪垢を心水に洗がんと欲すれば、散乱の浪たちまちに動いて、一塵をも未だ清からず。希に尊容に向いて、迷闇を覚月に照さんと欲すれば、煩悩の雲厚く覆いて長夜なお深し。妄心の迷いは往昔の串習なれば、僅かに起るとも、いよいよ盛んなり。菩提の道は今新たなる行業なれば、励むといえども速やかに忘れぬ。手には念珠を廻るといえども、数と余念と相乱る。口には宝号を唱うといえども、心と脣舌と調わず。纔かに勤むるところは、すでに以て実なし。値い難き法に値うといえども、急く功を終ることに懶くして、急ぎ已っては、いかなる所作ぞ。ただひとえに世務の計なり。世務はこれ何の要ぞ。夢中の名利のためなり。名利はまた大いなる毒にして、二世の身心を悩ます。富める者は楽しみを貪って、すべて後生を知らず。貧しき者は憂えを懐いて、いよいよ罪業を造る。

4　愚迷をかさねる

およそ言を述べて記せんと欲すれば、筆を染むるに遑あらず。慎むべく察すべきは、迷なり愚なり。たとい今生の中に観行を企て難くとも、なんぞ未来のために清浄の願を発さざらん。然れども、串習に拘わられ卑下に妨げられ、将来の誓願すら、なお以て発し難し。すでに一善の真実もすべてなし。また三業の妄染はもっとも深し。猥しく比丘と号す、はなはだ蝙蝠のごとし。あまつさえ仏子と称す、恐らくは慚愧すべし。仏の言く、「かくのごときの人は、わが弟子にあらず、また我を称して本師とせず。いわゆる法の中の旃陀羅なり。国王の地の上に涶を吐くに処なし。五千の大鬼、つねにわが足の跡を払わん」。

ああ、堅く守るべきの慈父の遺言を守らずして、はなはだ怖るべきの獄卒の呵責を蒙らんと欲す。実に世間出世について、身口意の業において、時々の所行と云い、念々の思惟と云い、その悪うたた多く、その過、幾許ぞ。名利の妄染はこれ心の底に深く、智水乾きて洗ぎ難し。無明の愛塵はこれ身の上に積もり、梵風断えて払うことなし。いかなる人か、精進して頭燃を払うがごとくならん。いかなる我か、懈怠にして寸陰を惜しまざるなり。齢また齢、齢を積むといえども、増すことなきは善心なり。迷いなお迷い、迷いを累ぬといえども、衰えざるは妄執なり。兼ねて当来を想うに、憑み少なく悲しみ多し。

なかんずく、五官王の断罪はもし脱るることあり、浄頗梨の鏡の影はたとい写すことなくとも、転識頼耶の念々の熏修においては、朽つべからず失うべからず。自業自得の因果は必然なり。当来の苦報は、まことに以て遁れ難し。ほぼいかがせんと嘆くといえども、時を隔てぬれば、速やかに忘れぬ。熏習の馴るるところ、その性還って本のごとし。彼の齢八旬に闌けたるの人も、あえて命の喉に迫ることを弁えず。我、病を数日に憂えるの時も、猶し定めて死ぬべしと覚らず。目盲い足蹇えて火坑に堕ちんと欲す。他を見て我を推すに、この事疑いなし。濁世末代の習い、人ごとに爾りといえども、我等が癡闇の深きこと、心も言も及ばず。これを知らずんば、いかがせん。知りながら還って迷えり。これを畏れざるは、愚の至りなり。畏るといえども実なし。

ここを以て、生死沈淪のためには、徒に身命を捨つるといえども、出離解脱のためには、いずれの時にか身命を捨てたる。ただひとえに暫時の命根を惜しむがために、もっぱら長劫の苦種を殖たるところなり。芭蕉の脆き身、たとい楽しみありとも幾の程ぞ。草露の危うき命、たとい栄えありとも久しからず。いわんや、わが身のごときは、誇るべきの楽しみすべてなく、また愛すべきの栄え、何かあらん。誰か狂わすところあればか、火宅の炎に咽ぶといえども、浄刹の身を欣わず、流転の業を萌すといえども、出離の因を修することなし。怖るべきの生死をも、すべて怖れず、欣うべきの菩提をも、まったく欣わず。愚かに執するところは、虚妄暫時の名利なり。堅く着するところは、電光朝露の身命なり。

拙きかな、悲しきかな。冥より冥に入りて、永く仏の名を聞かず、迷より迷に向いて、鎮えに多の劫数を送らん。豈これ我が身の上にあらずや。むしろまた人の上と思わんや。実にこの身を念わんと欲すれば、この身を念うことなかれ。早くこの身を捨てて、以てこの身を助くべし。徒に野外に棄てんよりは、同じくは仏道に棄つべし。空しく苦海に溺れんよりは、急ぎて彼岸を求むべし。

6　今日より始める

然ればすなわち、今日より始めて未来際に至るまで、いやしくもわが身命を以て恭しく仏法僧に抛ちて、以て仏道を求め、以て有情を利せん。これによって、あるいは草庵を山林寂寞の霞に結びて、しばらく今生遊宴の栖となし、あるいは一鉢を聚落憒閙の煙に捧げて、永く一仏浄土の縁を萠さん。もしくは凜々たる冬景に、麻の衣薄くして寒風膚を徹さんの暁にも、紅蓮罪苦の氷を思うべし。その憂え幾許ぞ。もしくは遅々たる春天に、糲食乏しくして温日斜めに過ぎんの朝も、餓鬼飢饉の苦を慰むべし。彼の悲しみ大いなるかな。一旦の仮の身を養わんがために、尚し能く無益の身心を費やす。いわんや二利の行業を成ぜんがために、豈有義の苦悩を痛みとせんや。彼の仏菩薩も本は常没の凡夫、迷心ほとんど我等がごとし。然れども、昔生死の夢の中に大勇猛を発し、今、仏果の覚の前に我等を利益したもう。彼を見て我を顧みるに、恥ずべし悲しむべし。淪々たる苦海、出離いずれの時ぞや。

ただし、一身の事は置いて論ぜず。我が生々世々の間、仏説いて言く、「大地に、汝等、長夜に無量の生死の苦を受けざる処あることなし。一人一劫に受けしところの身骨爛壊せずんば、その聚れる量は、王舎城の側の広博脇山に斉しからん。飲むところの乳汁は四大海の水のごとくならん。身より出すところの血、また愛別離に泣くところの涙は四大海よりも多し。大地の草木を悉く斬りて算となし、以て父母を数うとも、また尽すべからず。無量劫より来、あるいは地獄に在り、あるいは畜生に在り、あるいは餓鬼に在って、受けしところの行苦は称げて計うべからず」。かくのごとく思惟して、夙夜に懈ることなかれ。哀しいかな、すでに生々世々の間、父母あり親族あり師長あり同法あり、皆これ具縛の凡夫なり、底下の異生なり。彼別れて後ふたたび見えず。今いかなる処に在って、いかなる生を受けたるや。我すでに悪世に生じて、済度するに力なし。神通なきが故に、これを知らず。慧眼盲いたるが故に、これを見ることなし。

我等は生死の広海に没在し、六趣に輪廻して、出づる期あることなし。然る間、あるいは父母となり、あるいは男女となって、多生曠劫に互いに恩愛を結べり。一切の男女は皆、生々の父母なれども、生を隔つるが故に覚ることなし。あらゆる畜類は、これ世々の親族なれども、質改まる故に悉く忘れたり。過去現在の恩徳の一塵も未だ報ぜずば、未来無窮の生死に自他ともに没する者なり。いかにいわんや、八万四千の毛孔、一戸に九億の虫類あり。我に属して沈淪して出離の期を知らず。我もし浮むことあらば、彼もまた浮むべし。その面々の迷いを思うごとに、ただわが念々の肝を摧く、また冥衆、我を照したもう。彼の悲しみ幾許ぞ。恥ずべし、痛むべし、悟らずんばあるべからず。

8 進んで道心を請う

彼の仏菩薩は、五濁の我等を救わんがため、もっぱら大慈大悲の誓願を催されて、彼の法性の都の中より出て、忝くも穢悪充満のこの土に雑りたもう。感応利生は、眼に遮り耳に満てり。霊神験仏、此に在り彼に在れども、発すべき一念の道心をも請わず、訪うべき二親の菩提をも祈らず。たとい彼の霊壇に望めども、ほとんど真実の信心を起すことなし。纔かに念誦を翹つといえども、掉挙しばしば競い起る。和光同塵の本願は結縁の始め、それ何ぞ。毒酔迷乱の我等、薬を授くるに便りなし。ただし菩薩は、我等を念い愛すること骨髄に徹す、つねに利益せんと欲うこと、猶し一子のごとし。その利益とは何事ぞ、いわゆる道心これなり。世間浅近の益は、皆このための方便なり。

我、進んで道心を請う。能所もし相応せば、何ぞその験なからん。納受これなくば、誰か大悲の願を仰がん。もし誠なき時は、感応随ってなし。もし誠ある時は、利益何ぞ空しからんや。彼の二利の要義を思うに、ただ一念の発心にあり。そもそも仏種は縁より起る、縁は即ち発心熏修の縁なり。覚悟は時を待ちて熟す、時はまた大聖加被の時なり。いかにいわんや、仏陀神明の大悲は、ひとえに群生を度さんと誓いたもうなり。妄想顚倒の我等、すでに一子の数に入れり。誓願もし誤ることなくば、利益何ぞ疑いあらんや。

仰ぎ願わくは、三宝神祇、愚意を哀愍して道心を発さしめたまえ。一要もし成就せば、万事みな足りぬべきのみ。ここにおいて、同心の芳友相議して云く、「そもそも恩愛の心肝を悩ますは、皆これ生死禁獄の繫縛のためなり。仏陀の我等を勧むるは、むしろまた彼岸引摂の指南にあらずや。去来、無常の恩愛を別離して不退の聖衆を友とし、堅固の契約を忘れずして、未来際を尽して限りとせん。つねに親友となって互いに仏道を助け、鎮えに法器となりて同じく善事を営まん。人もし進んで往生を遂ぐることあらば、まさに彼の引摂を蒙るべし。我もし先だって往生を遂ぐることあらば、必ず引導を施さん。もし三途の苦難に堕し、もし人天の欲境に着せば、この人を助けて善趣の身となし、この人を導いて出世の門に入れん。乃至、有縁無縁、現界他界、親しきより疎きに至り、近きより遠きに及んで、面々の恩所、一々に利益せんのみ」。

今、双眼乾くことなくして、同じく随喜を具にす。落涙袂に盈ちて、したがって三宝に啓せん。この契約においては、今生はすなわち終焉の暮を際とし、未来はまた証覚の朝を期とせん。しかるに、我等もしこの旨に違え、いささか退屈を生じ、小事に拘って大要を怠ることあらば、よくよくこの状を守って、彼の心を励ますべし。なお強いてこの語に随わずんば、永く本意を失い往生を遂げざらん。伏して乞う、冥衆、知見証明したまえ。よって結ぶところ右のごとし。敬って白す。

貞慶略年譜

年号（西暦）	歳	月日	事績（関連事項をふくむ）
久寿二年（一一五五）	一歳	五月二一日	生誕。父、少納言権右中弁藤原貞憲。祖父、通憲（信西）。——藤原南家。
保元元年（一一五六）	二歳	七月	保元の乱。以降、祖父、権勢を誇る。
平治元年（一一五九）	五歳	一二月	平治の乱。祖父、自害する（一二月一三日）。父は解官配流。
永暦元年（一一六〇）	六歳	二月九日	源頼朝、平頼盛により逮捕される（三月伊豆に配流）。勝賢（はじめ勝憲。父および覚憲の弟）、醍醐寺座主となる。
応保二年（一一六二）	八歳	—	南都に下向し、興福寺蔵俊の門に入る。
長寛元年（一一六三）	九歳	七月二五日	興福寺衆徒、別当の恵信を逐い、その房舎を焼く。恵信、兵を集めて戦う。
永万元年（一一六五）	一一歳	—	出家し、興福寺覚憲（父の弟）に師事する。
		八月七日	二条天皇の葬送に当たり、興福寺と延暦寺が争う。
		一〇月二七日	興福寺衆徒、神木を奉じて入洛・強訴する。
承安二年（一一七二）	一八歳	—	醍醐寺実運阿闍梨（勝賢の師）より求聞持法を伝授される。

承安五年（一一七五）	二一歳	—	法然、専修念仏を唱える。
治承三年（一一七九）	二五歳	五月二四日	蔵俊、興福寺権別当となる。
四年（一一八〇）	二六歳	四月二五日	「虚空蔵要文」を抄出する。
		五月二六日	源頼政、平家打倒のため以仁王を奉じて挙兵、興福寺・東大寺、呼応する。
		九月二七日	蔵俊、示寂する。
		一二月二八日	平重衡、南都を焼打ちし、興福寺・東大寺炎上する。
養和二年（一一八二）	二八歳	一月一日	大般若経一部六百巻の書写を発願する。
		一月二〇日	『唯識義』を書写する。
寿永元年（一一八二）		一〇月一一日	維摩会研学竪義を遂業する。この頃、興福寺の安養院に止住。
二年（一一八三）	二九歳	七月六日	法勝寺八講に出仕する。
元暦二年（一一八五）	三一歳	三月	平家、滅亡する。
		五月二三日	最勝講に出仕する。
		—	沙門信長のために、「笠置寺弥勒殿毎日仏供勧進状」を草す。
文治元年（一一八五）		一二月二一日	仏子如教のために、「笠置寺毎日仏供勧進状」を草す。
二年（一一八六）	三二歳	三月一二日	九条兼実、氏長者となる。
		一〇月一〇日	維摩会講師を勤める。この頃、興福寺の宝積院に止住。
三年（一一八七）	三三歳	三月九日	興福寺東金堂衆、山田寺講堂薬師三尊像を奪取し、東金

文治四年（一一八八）	三四歳		堂に搬入する。
		—	興福寺中金堂・南円堂上棟。六月～康慶一門、南円堂諸像を造る。
		六月	沙門観俊のために、「笠置寺念仏道場塔婆寄進状」を草す。
		七月二七日	季御読経の論義に出仕する。
五年（一一八九）	三五歳	五月二八日	覚憲、興福寺別当となる。
		七月	勝賢、東大寺東南院主を兼務する。
建久元年（一一九〇）	三六歳	五月二四日	最勝講第九座講師を勤める。この時、弊衣での出仕を嘲笑され、笠置隠遁を志すという。
		一一月一七日	「笠置龍華会敬白文」を草す。
二年（一一九一）	三七歳	二月二一日	法成寺八講結座導師を勤める。兼実、日記に「説法、珍重なり。只、その音の少なるを恨む。談と云い弁説と云い、末代の智徳なり」と記す。
		五月二日	別当覚憲の使いとして兼実に面談する。
		五月二二日	兼実、氏寺復興の進捗状況検分のため南都に下向。その南円堂での誦経に際し、導師を勤める。兼実、日記に「表白、はなはだ優れたり」と記す。
		一〇月一一日	兼実書写の金泥心経等の供養導師を勤める。兼実、日記に「貞慶、旨趣を演説す。大僧正（→覚憲）、余ともに

			感涙を拭う。実に神明三宝といえども、いかでかこの理に伏したまわずや。ほとんど神と謂うべきか。尊ぶべし、尊ぶべし。この感応、必ず空しからざるものなり」と記す。
建久三年（一一九二）	三八歳	—	笠置寺隠遁の意を固める。
		二月八日	兼実に隠遁の理由を尋ねられ、春日明神の冥告によると説明する。
		七月二〇日	「発心講式」（金剛三昧院蔵）を草す。
		七月	頼朝、征夷大将軍となる。
		一〇月	勝賢、東大寺別当となる。
		一一月二七日	養和二年（一一八二）発願の大般若経の書写を終える。
四年（一一九三）	三九歳	—	秋、笠置寺へ移住する。
五年（一一九四）	四〇歳	八月二日	伊勢神宮へ詣で、神姿を感得する。
		八月三日	笠置寺の般若台を上棟する。
		九月二二日	興福寺総供養が行なわれる。
六年（一一九五）	四一歳	四月一七日	重源、東大寺再建造営祈禱のために伊勢神宮において大般若経を供養、貞慶に外宮法楽の導師を要請する。
		六月二二日	勝賢、示寂する。
		九月	春日社に参籠する。化現した老翁より三尺の白檀地蔵尊を拝領する（後に、東大寺知足院に安置）。

		一一月一九日	笠置寺般若台を供養する。覚憲が臨席し意趣を述べる。
		—	この年、覚憲、興福寺別当を辞す。
建久七年（一一九六）	四二歳	二月一〇日	「弥勒講式」（笠置寺蔵）を草す。
		二月一七日	「地蔵講式」を草す。
		四月一四日	「笠置寺舎利仏供勧進状」を草す。
		八月一五日	重源より般若台に、銅鐘・宋版大般若経・白檀釈迦像を施入される。
		九月二七日	般若台に春日明神を勧請する。
八年（一一九七）	四三歳	八月二三日	重源の造営による播磨浄土寺の供養導師を勤める。
		—	『唯識論尋思抄』を著す。
九年（一一九八）	四四歳	一一月一日	興福寺領における平宗清の乱行につき、その処分を求める「興福寺牒状」を草し、頼朝に送る。
		一一月七日	笠置寺の十三重塔を供養する。
建仁元年（一二〇一）	四七歳	—	この頃、貞慶の要請により、重源、興福寺五重塔造営につき心柱三本を施入カ。
二年（一二〇二）	四八歳	八月	唐招提寺釈迦念仏会を始める。
三年（一二〇三）	四九歳	二月二七日	高弁（明恵上人）の訪問をうけ、秘蔵の仏舎利二粒（中国・西龍寺伝来、兼実より受領）を授ける。
		—	重源発願の阿弥陀如来立像（快慶作）の供養導師を勤める（現、東大寺俊乗堂安置）。

元久元年（一二〇四）	五〇歳	一〇月一七日	笠置寺において龍華会を始める。
二年（一二〇五）	五一歳	一〇月	「興福寺奏状」を草し、法然の専修念仏の非を朝廷に奏上、その停止を訴える。
		一二月一五日	二条御所において、後鳥羽上皇の春日社御幸・七堂巡礼のための一切経供養の導師を勤める。
三年（一二〇六）	五二歳	二月一九日	京都梅小路南堂の供養導師を勤める。三条長兼と、専修念仏の口宣について意見を交わす。
建永元年（一二〇六）	五二歳	六月四日	重源、示寂する（八六歳）。貞慶、夢告により知るという。
		八月	「興福寺北円堂再興奉唱状案」を草す。
承元二年（一二〇八）	五四歳	―	この年、海住山寺に移る。
		三月	『法華開示抄』を著す。
		九月五日	後鳥羽院発願の新御堂（河内交野）の供養導師を勤める。
		九月七日	後鳥羽院より仏舎利二粒を賜わる。
		九月九日	仏舎利二粒を海住山寺に納める。
		―	運慶一門、北円堂諸像を造る。
三年（一二〇九）	五五歳	―	「観音講式」（興福寺蔵）を草す。
四年（一二一〇）	五六歳	九月一九日	笠置寺において瑜伽論供養を催す。後鳥羽院、臨席。
		九月二〇日	後鳥羽院、海住山寺を御祈願所とする。
		九月二二日	御鳥羽院近臣の藤原長房（慈心房覚真）が出家、貞慶に

			師事する。
建暦元年（一二一一）	五七歳	一一月一〇日	貞慶ら二十一名、八斎戒を行ず（翌年一月一五日まで）。
		九月一日	九条道家を訪問、数刻、面談する。
		九月六日	法隆寺上宮王院において釈迦念仏会を始める。
		九月一三日	鑑真の影堂において『梵網経古迹』を講ずる。
二年（一二一二）	五八歳	二月一一日	道家を訪問、法文談義する。
		二月	春日社宿所において『真理鈔』を著す。
		一一月	『因明明要抄』を著す。
		一二月	『明本抄』を著す。
		一二月一七日	覚憲、示寂する。
		―	この年、覚真に命じて興福寺内に常喜院（律院）を建立する。
三年（一二一三）	五九歳	一月一一日	「海住山寺起請五箇条」を口述する。
		一月一二日	『修行要抄』を口述する。
		一月一七日	『観心為清浄円明事』を口述し、観音の引摂を求める。
		一月二一日	先師覚憲の五・七日忌供養を行う。
		二月三日	示寂。

多川俊映（たがわ　しゅんえい）
1947年　奈良に生まれる。
1969年　立命館大学文学部卒業。
1989年　興福寺貫首。
現　在　興福寺寺務老院、同寺菩提院住職。
著書に、『観音経のこころ』、『唯識入門』、『奈良 風のままにまに』『俳句で学ぶ唯識 超入門』（以上春秋社）、『慈恩大師御影聚英』（編著、法蔵館）、『阿修羅を究める』（共著、小学館）、『旅の途中』（日本経済新聞出版社）、『合掌のカタチ』（平凡社）、『唯識とはなにか』（角川ソフィア文庫）、『興福寺のすべて』（共著、小学館）、『仏像 みる・みられる』（角川書店）など。

貞慶『愚迷発心集』を読む——心の闇を見つめる
二〇〇四年九月一〇日　第一刷発行
二〇二二年八月一〇日　第三刷発行
著　者　多川俊映
発行者　神田　明
発行所　株式会社春秋社
東京都千代田区外神田二―一八―六（〒一〇一―〇〇二一）
電話〇三―三二五五―九六一一　振替〇〇一八〇―六―二四八六一
https://www.shunjusha.co.jp/
印刷所　株式会社丸井工文社
製本所　ナショナル製本協同組合
装　丁　本田　進
定価はカバー等に表示してあります
 ISBN 4-393-13519-9